Uli Kreh

Zeugen einer vergangenen Zeit

Uli Kreh

ZEUGEN EINER VERGANGENEN ZEIT

Freilichtmuseen in Baden-Württemberg

Silberburg-Verlag

Gewidmet unserem schönen Land

1 2 3 4 5 02 01 00 99 98

Gesamtgestaltung: Uli Kreh, Stuttgart.
Reproduktionen und Satz: Polytype Druck & MedienHaus GmbH, Winnenden.
Papier: Papierfabrik Scheufelen, Lenningen (150 g/m² BVS-PLUS, chlorfrei gebleicht).
Druck: Merkur-Druck Mayer GmbH, Ostfildern.
Printed in Germany.

ISBN 3-87407-280-0

Inhalt

Einleitung

Freilichtmuseen in Baden-Württemberg werden seit den sechziger Jahren aufgebaut. Lange vorher schon war zu beobachten, daß viele ländliche Bauten, insbesondere geschichtsträchtige, altehrwürdige Bauernhöfe, verfielen und dem technischen und wirtschaftlichen Wandel einer neuen Zeitepoche weichen mußten. Oft ist es heute schon so weit gekommen, daß wir das Dorf in seinem eigentlichen Dorfbild gar nicht mehr erkennen.
Der Übersiedlung von enormen landwirtschaftlichen Flächen und deren Bebauung als Schlafstätten für den gestreßten Städter haben sich die Dörfer in Form von städtischen Wohn- und Siedlungsformen angepaßt und somit ihren eigentlichen dörflichen Charakter aufgegeben. Beton- und Stahlbauwerke der Banken und mittelständischen Betriebe sowie der Ausbau eines dem zunehmenden Verkehr entsprechenden Straßennetzes haben ihr übriges dazu getan, die dörflichen Strukturen vollends zu verändern. Hierbei wurde uns, ohne daß wir es gleich bemerkten, ein wesentlicher Bezug zu unserer Vorstellung von Heimat genommen. Die jetzt heranwachsende Generation der ländlichen Bewohner kann sich oft schon nicht mehr vorstellen, wie das Dorf ihrer Eltern und Großeltern einmal ausgesehen hat. Den entstandenen Museumsdörfern kommt daher die wichtige Aufgabe zu, die Geschichte des Bauens, Lebens und Wirtschaftens auf dem Lande anschaulich und in Zusammenhängen darzustellen und zu überliefern. Vergessen und Verdrängen käme einem Aufgeben unserer ureigensten Geschichte gleich.
Die regionalen ländlichen Freilichtmuseen sind, von ihrer Idee her, Gebäude unter freiem Himmel. Sie stellen, mit ihrer jeweils regionaltypischen Ausstattung versehen, eine junge Museumsgattung dar. Vor etwa 100 Jahren konnte in Skansen (Schweden) das erste Museum dieser Art eröffnet werden. Die ersten Freilichtmuseen in Deutschland entstanden in Schleswig-Holstein und in Niedersachsen. In den sechziger Jahren wurden dann in Bayern und Baden-Württemberg die ersten vergleichbaren Museen gegründet. Fast überall war die Keimzelle für die Entstehung eines Freilichtmuseums ein an Ort und Stelle von interessierten Menschen erhaltener Hof oder ein einzelnes Haus. Andere Gebäude wurden dann hierher versetzt. Die Freilichtmuseen gehören zur Kategorie der kulturhistorischen Museen. Hier wird anhand originalversetzter Gebäude aus den ländlichen Bereichen dokumentiert, wie die Menschen früher gelebt, gearbeitet und gefeiert haben. Hauptsächliche Gegenstände sind daher die alten Häuser, die Scheunen, Wirtschaftsbauten und Werkstätten, die früher einmal mitbestimmend für das Dorfbild waren. Die Art und Weise der Präsentation, nicht einzelne Sammlungsstücke isoliert nebeneinander aufzustellen, sondern in historisch belegten Zusammenhängen, ist daher charakteristisch für die Konzeption der Freilichtmuseen.
Am Anfang standen in Baden-Württemberg private Initiativen. Professor Hermann Schilli, Leiter der Zimmermannsschule in Freiburg, war es, der seit 1961 angesichts des kontinuierlichen Verlusts von alter, für den Schwarzwald so charakteristischer Bausubstanz die Einrichtung eines Freilichtmuseums betrieb. Der Vogtsbauernhof wurde, an Ort und Stelle erhalten, zur Keimzelle des ersten Freilichtmuseums im Land. Das Freilichtmuseum Kürnbach ist seit 1968 im Aufbau. In Wolfegg wurde seit 1977 eine Reihe von gefährdeten Häusern abgebaut und eingelagert. Auf Schloß Waldenburg wurde 1979 der „Verein Hohenloher Freilandmuseum" gegründet, und im Odenwaldkreis dachte man seit 1980 im „Förderverein Odenwälder Bauernhaus" über eine „Museumsstraße Odenwald" nach. Für die Region Bodensee wurde 1991 in Neuhausen ob Eck der Anfang gemacht. Das vorläufig letzte Freilichtmuseum in Baden-Württemberg ist 1995 in Beuren im Kreis Esslingen eröffnet worden. Die Träger der Museen sind Landkreise oder Vereine. Sie werden von der Landesregierung finanziell unterstützt.

Grußwort

Es freut mich sehr, daß der Silberburg-Verlag Tübingen nun mit dem Bildband „Zeugen einer vergangenen Zeit – Freilichtmuseen in Baden-Württemberg" von Uli Kreh ein Buch vorlegt, das „Die Sieben im Süden", die Mitglieder der Arbeitsgemeinschaft der regionalen ländlichen Freilichtmuseen Baden-Württemberg, erstmals zusammenfassend vorstellt.
Die sieben Freilichtmuseen – das Freilichtmuseum Beuren, das Odenwälder Freilandmuseum Gottersdorf, das Schwarzwälder Freilichtmuseum Vogtsbauernhof Gutach, das Kreisfreilichtmuseum Kürnbach, das Freilichtmuseum Neuhausen ob Eck, das Hohenloher Freilandmuseum Wackershofen und das Bauernhausmuseum Wolfegg – haben mit Hilfe des Landes nicht nur mehr als 150 Bauernhäuser und dörfliche Gebäude, die am alten Standort nicht mehr erhalten werden konnten, vor dem Untergang gerettet: die vielbesuchten Museen geben ebenso einen hervorragenden Eindruck vom Leben und Arbeiten der Menschen, die hier einmal ihre Heimat hatten.
Dem neuen Bildband wünsche ich viel Erfolg und zahlreiche Leser. Es wäre schön, wenn er dazu beitragen könnte, den Freilichtmuseen und ihrer Arbeit die verdiente Beachtung und Anerkennung zu verschaffen.

Peter Schneider
Landrat des Landkreises Biberach,
Vorsitzender der Arbeitsgemeinschaft
der regionalen ländlichen
Freilichtmuseen Baden-Württemberg

Odenwälder Freilandmuseum

Walldürn-Gottersdorf

Landschaftlich reizvoll, an einem ehemaligen Klosterteich aus dem 14. Jahrhundert, liegt das nördlichste Freilandmuseum Baden-Württembergs im Badischen Odenwald, als ein Kleinod, das den Einblick in die frühere ländliche Lebens- und Arbeitswelt eröffnet – vom bescheidenen Tagelöhnerhäuschen bis zum stattlichen Großbauernhof.

Man lernt hier auf eindrucksvolle Weise die tägliche Arbeit der bäuerlichen Familie, der Handwerker, Tagelöhner, Dorfhirten und der Dorfhebamme kennen und erhält so ein authentisches Bild von den Wohn- und Lebensverhältnissen der Vergangenheit im Odenwald.

Schaut man über den kleinen Klosterweiher, entdeckt man eine farbenprächtige Häusergruppe und vermutet, ein Künstlerdorf anzutreffen. Doch diese Kleinbauerngehöfte sind in ihrer originalen Farbgebung des frühen 20. Jahrhunderts im Freilandmuseum wiederaufgebaut worden. Die frohe Farbigkeit setzt sich auch im Innern der Gebäude als Schablonenmalerei an den Wänden fort.

Großbauernhaus Schüßler

in Gottersdorf, Neckar-Odenwald-Kreis

Um 1725 wurde das Wohnhaus als gestelztes Wohnstallhaus erbaut. Im Erdgeschoß waren die Stallungen und die Unterkünfte für das Gesinde untergebracht, während im Obergeschoß der Hofbauer mit seiner Familie wohnte. Zwischen 1832 und 1850 wurde das Haus um fast die Hälfte vergrößert und die Stallnutzung im Erdgeschoß aufgegeben. Zwei neu errichtete Stallscheunen bildeten nun mit dem Wohnhaus und den bisherigen Nebengebäuden einen Haufenhof.

Die Bauernfamilie Schüßler war wohlhabend. Sie hatte von alters her zwei Holzrechte. Kleinere Bauern verfügten nur über ein halbes Holzrecht, ein Zustand, der im Dorf nie ganz begriffen wurde. Der letzte Bauer, Eugen Schüßler, hatte zum Beispiel jeden Winter mit Tagelöhnern eine Woche lang das Korn gedroschen; anschließend gab es ein großes Fest. Nur er konnte sich im Dorf so etwas leisten. Dieser Brauch endete mit der Einführung der Mähdrescher etwa um 1960. Eugen Schüßler hatte auch den ersten Schlepper im Dorf in den fünfziger Jahren gekauft. Dies war selbst für diesen Hof eine gewaltige Investition, die jedoch durch Holzverkauf aus dem Waldbesitz ermöglicht werden konnte. Somit war er auch Vorreiter in der Anwendung moderner Bodenbearbeitungsmethoden. Der Hof Schüßler baute als einziger im Dorf auf einem Feld Richtung Gerolzahn Dinkel an. Öffentliche Funktionen übernahm Eugen Schüßler als Bullenhalter der Gemeinde, als Jagdprüfer und Wildschadenschätzer. Sein großer Waldbesitz ließ einen leidenschaftlichen Jäger aus ihm werden. Ende der dreißiger Jahre wurde er Bürgermeister von Gottersdorf. Der Vermögensstand der damaligen Besitzer schlägt sich besonders augenfällig in der wertvollen Gestaltung der Wohnräume nieder. Die obere Stube mit ihren anspruchsvollen Wanddekorationen und ihrer stuckierten Decke, aber insbesondere der kleine Raum im Obergeschoß mit den aufwendigen, spätbarocken religiösen Wandmalereien machen diesen Aspekt besonders deutlich.

Der Hof Schüßler liegt etwas außerhalb des eigentlichen Museumsgeländes; er konnte an Ort und Stelle erhalten werden und ist so zu einem Zeugnis für großbäuerliches Wohnen und Leben zwischen 1780 und 1960 geworden.

Bei der Renovierung der Innenräume des Hofes wurden unter vielen Putzschichten diese wertvollen, dem Spätbarock des ausgehenden 18. Jahrhunderts zugeordneten Wandmalereien freigelegt und sorgfältig restauriert.

Zu Beginn der siebziger Jahre stellte die Familie Schüßler den landwirtschaftlichen Betrieb ein und gab das Anwesen auf. Ein entscheidender baulicher Eingriff in die Hofanlage geschah 1975: Damals wurden, in Unkenntnis der kultur- und bauhistorischen Bedeutung der Anlage, alle Nebenbauten bis auf die dicht an das Wohnhaus angrenzende Stallscheune eingerissen.
In letzter Minute konnte der Abbruch des gesamten Anwesens verhindert werden. Der neue Besitzer, die Stadt Walldürn, bemühte sich zusammen mit dem Museum um den Fortbestand des Hofes. Die qualitativ hochwertige Innenraumgestaltung des Wohnhauses führt eindringlich vor Augen, welche kulturellen Werte bei seiner Zerstörung vernichtet worden wären.

Der Wohlstand der Familie Schüßler zeigt sich besonders augenfällig in der qualitätsvollen Gestaltung der Wohnräume: die obere Stube mit ihren Wanddekorationen und ihrer für die damalige Zeit in ländlichen Strukturen seltenen stuckierten Decke.

In der unteren Stube hat die Tapete Einzug gehalten. Die originale Möblierung entstammt der Zeit um 1960.

Die Ausstattung des Küchenbodens mit Keramikfliesen in einem Bauernhaus war für die Zeit der 1920er Jahre für die Region typisch.

Die gute Stube um 1830 mit einer Schablonenmalerei im Stile des Biedermeier.

Die kleine Webstube zeigt ein zum Teil falsches Fachwerk als Raumdekoration. Der Besitzer hat nicht immer die Fachwerkbalken bemalt, sondern aus ästhetischen Gesichtspunkten entsprechende Phantasiebalken mitgemalt.

Dieser herrliche, kunstvoll bemalte und beschriebene Bauernschrank der Odenwälder Schreiner-Maler-Sippe Baier ist ein weiteres Zeugnis der Wohlhabenheit dieser Bauernfamilie.

Kleinbauernhof mit ehemaliger Dorfschenke „Zur goldenen Krone“

aus Dallau, Neckar-Odenwald-Kreis

Der Kleinbauernhof aus Dallau ist ein typisches kleinbäuerliches Mehrzweckhaus: Die Besitzer betrieben neben ihrer bescheidenen Landwirtschaft zeitweise eine Gaststätte und danach einen Kolonialwarenladen. Fünf Hektar Landbesitz und eine Viehhaltung von zuletzt vier Milchkühen, zwei Bullen, einigen Schweinen und Hühnern erbrachten nicht genug, um davon leben zu können.

Das eingeschossige, auf hohem Massivsockel errichtete Fachwerkgebäude mit Satteldach entstand im Jahre 1719. Der kleine Giebelanbau kam 1795 dazu. Teilweise stand der Hof auf Fundamenten eines mittelalterlichen Vorgängerbaus.

Seit 1736 war im Haus die kleine Dorfwirtschaft „Zur goldenen Krone“ untergebracht. An die Erteilung der Schildgerechtigkeit erinnert die Inschrift im Stützständer des Vordaches, die allerdings erst nachträglich dort eingeritzt und zurückdatiert wurde. Im Jahre 1848 stellten die damaligen Besitzer den Schankbetrieb wieder ein; 1854 erfolgte ein grundlegender Hausumbau. Von 1919 bis 1964 betrieb die Familie Liebig neben der Landwirtschaft einen „Kolonialwarenladen“ in dem giebelständigen Anbau. Der bäuerliche Betrieb mußte 1954 wegen mangelnder Rentabilität aufgegeben werden. Heute befindet sich im Hauptgeschoß ein Gaststättenraum im Stil der zwanziger Jahre, der als Vesperstube, Museumscafé oder Vortragsraum genutzt werden kann.

In der ehemaligen Dorfschenke aus Dallau werden heute die kleinen wie die großen Gäste mit wohlschmeckenden Spezialitäten aus dem Odenwald verwöhnt.

An den Handwerkertagen zeigen zum Beispiel die Korbflechter ihre alten Kunstfertigkeiten. Die schönen Körbe finden großen Anklang bei den Museumsbesuchern. Auch Strohstuhlflechter führen ihr seltenes Können vor.

Schäferhaus

aus Gerolzahn, Neckar-Odenwald-Kreis

Das Gerolzahner „Schäferhaus" ist unter den von Hirten bewohnten Häusern eine Besonderheit. Gemeindehirten, zu denen auch der Schäfer gehörte, wohnten im allgemeinen in eigens von der Gemeinde zur Verfügung gestellten Wohnräumen, entweder im Gemeindehaus oder in einem besonderen kleinen Häuschen. Ein solches Hirtenhäuschen gab es früher in sehr vielen Gemeinden des Odenwaldes, was auf einen großen Bedarf an Hirten schließen läßt.

Das Schäferhaus aus Gerolzahn ist aber nicht als Hirtenhaus von der Gemeinde errichtet worden, sondern hat sich erst später dazu entwickelt. Es war immer in Privatbesitz. Erbaut wurde es als eingeschossiges Haus im Jahr 1870 von einem Tagelöhner. Viele Balken stammten aus abgerissenen Gebäuden, um die Baukosten möglichst niedrig zu halten.

Daß wenig Geld vorhanden war, wird auch am ursprünglichen Stampflehmboden in der Stube deutlich. Den Kredit, den der Tagelöhner dennoch für den Hausbau aufnehmen mußte, konnte er nicht mehr zurückzahlen. Das Haus fiel daraufhin an den Kreditgeber und wurde schließlich im Jahr 1905 zum Eigentum von Barbara Katharina Schäfer. Als nacheinander zwei Schafhirten, August Streun und nach ihm Heinrich Schmieg, einheirateten, bürgerte sich allmählich im Dorf die Bezeichnung „Schäferhaus" für das Gebäude ein. 1907 hatte August Streun das Dach zu Wohnzwecken ausgebaut.

Im Museum zeigt das Gerolzahner Schäferhaus familiengeschichtlich und vom Hauszustand her die Zeit des Zweiten Weltkrieges.

Die örtlichen Maler und Tüncher hatten, was die farbliche Gestaltung der Häuser betraf, großen Einfluß bis in die fünfziger Jahre; so gesehen ist das blaue Schäferhaus ein eindrucksvolles Beispiel für die Farbenfreude der Odenwälder.

Geduld, ein waches Auge und einen schützenden Umgang mit den ihm anvertrauten Schafen werden beim Ortsschäfer vorausgesetzt.

Auch die Hundehütte zeigt sich farbenprächtig.

Das Dekorieren der Zimmerwände durch farbige Schablonenmalerei oder durch mit Musterwalzen aufgetragene Farben war ein im Odenwald weit verbreiteter Brauch.

Den grauen, ärmlichen Alltag mit Farbe aufzuheitern, war wohl ein großes Bedürfnis, auf das selbst die Hirten- und Tagelöhnerfamilien zu Beginn des 20. Jahrhunderts nicht verzichten wollten.

Eng ging es zu in diesem Schäferhaus. Trotzdem wurde sorgfältig darauf geachtet, daß alles seine Ordnung hatte. Die Töpfe und Schüsseln blitzten in der kleinen Küche.

Selbst in den bescheidenen Dachkammern im Obergeschoß des Schäferhauses wurden die Wände liebevoll und farblich ansprechend gestaltet.

Tagelöhnerhaus

aus Walldürn, Neckar-Odenwald-Kreis

Das Tagelöhnerhaus läßt schon auf den ersten Blick erkennen, unter welch finanziell wie räumlich bedrückenden Verhältnissen seine Bewohner lebten. Hier wohnten seit jeher Menschen, die sich bei den Bauern, oder später in gewerblichen Betrieben, im Taglohn verdingten. 1798 entstand das Häuschen auf einer Grundfläche von nur vier auf sechs Metern: eine Kammer und eine Küche, wobei die Raumhöhe ganze 1,80 m betrug. 1840 erweiterte die Familie Karl das Häuschen um ein Zimmer und eine winzige Küche. Dieser neue Anbau besaß einen separaten Eingang. Wahrscheinlich wurde er als Altenteil benutzt. Später baute man die Küche in einen Stall um, in dem eine Ziege gehalten wurde.

Die räumliche Enge zwang den Bewohnern sehr bescheidene Wohnverhältnisse auf. Zeitweise lebten hier zwei Familien mit vielen Kindern. Die Räume erfüllten so gezwungenermaßen mehrere Funktionen: so diente der vordere Raum als Schlaf- und Wohnzimmer. Hier befindet sich auch die Bodenluke, die in den knapp einen Meter niedrigen Erdkeller führt. Noch um das Jahr 1970 hatte das Häuschen weder Bad noch WC oder einen Stromanschluß. Während eine Gaslampe den vorderen Raum erhellte, beleuchteten Kerzen und Petroleumlampen die Küche und das angrenzende Zimmer. Trotz der Armut, die fortwährend im Haus herrschte, legten die Bewohner viel Wert auf eine schöne Wanddekoration.

Die im Museum gezeigte farbliche Gestaltung der äußeren und inneren Wandoberflächen aus den dreißiger Jahren ließ der Tagelöhner Bernhard Salbreiter ausführen. Er war zunächst Ziegelknecht und verdiente später als Steinhauer in einem der Walldürner Steinbrüche sein Brot.

Dieses kleine Tagelöhnerhaus mit seinen beengten Räumen führt eindringlich die Wohnsituation der ärmsten Menschen in ländlichen Regionen vor Augen: ein mittlerweile einmaliges geschichtliches Zeugnis.

Die Inneneinrichtung des kleinen Tagelöhnerhauses zeigt, daß trotz der Armut, die fortwährend im Haus herrschte, die Bewohner großen Wert auf eine schöne Wanddekoration legten. Die im Museum gezeigte farbliche Gestaltung stammt aus dem Jahre 1930, als das Häuschen dem Tagelöhner Bernhard Salbreiter gehörte.

Bauernhof

aus Neckarburken, Neckar-Odenwald-Kreis

Der kleinbäuerliche Hof der Familie Backfisch aus Neckarburken von 1798 besteht aus Wohnhaus mit Backofenanbau, Holzschuppen und Stallscheune sowie dem daran angebauten Schweinestall. Das Museum zeigt, wie das Anwesen und seine Außenanlagen in den zwanziger Jahren aussahen.

Vom äußeren Erscheinungsbild her ist das auf einem hohen Natursteinsockel errichtete Fachwerkgebäude ein typisches Beispiel des ländlichen Hausbaus am Rande des Odenwaldes zum Neckargebiet hin. Als ein besonderer Glücksfall für das Odenwälder Freilandmuseum erwies sich die Tatsache, daß eine große Anzahl der originalen Einrichtungsgegenstände und sehr viele Archivalien, die über das Anwesen und seine Besitzergeschichte Auskunft gaben, noch im Haus vorhanden waren und mit dokumentiert werden konnten. Der massive Sockel des Gebäudes bietet Platz für zwei getrennte oberirdische Keller, einen für die Ackerfrüchte und einen für Most, in dem auch die Einmachbehältnisse und das selbstgebackene Brot aufbewahrt wurden. Im Mostkeller wurde vor der Jahrhundertwende auch eine Obstbrennerei betrieben. Das eigentliche Erdgeschoß erreicht man erst über eine außenliegende, hohe Treppe. Unter der Eingangstreppe befindet sich der Entenstall. Im Erdgeschoß liegen, links und rechts vom Flur, Kammern und Stube. In einem Teil der Stube war von 1919 bis 1932 die Neckarburkener Postagentur eingerichtet, die im Museum wieder gezeigt wird. Auf der Rückseite des Hauses, an der Außenwand der Küche, ist ein Backofen angebaut. Der Ofen ist auf einem aus Sandstein gemauerten Unterbau errichtet, der als Hühnerstall diente. Solch ein Hausbackofen gehörte im badischen Odenwald lange Zeit zur wirtschaftlichen Selbständigkeit eines Kleinbauernhofes.

Die Keller sind oberirdisch angelegt; das „Erd-geschoß" erreicht man über eine Außentreppe, unter der sich der Entenstall befindet. Auf der Rückseite des Hauses an der Außenwand der Küche ist ein Backofen angebaut.

Der Hausgarten versorgte den Haushalt der Bäuerin mit dem alltäglichen Küchenbedarf, aber auch mit den wichtigsten Heilkräutern und einer Vielzahl farbenfroher Blumen.

Der an Haus und Scheune angelegte Garten zeigt beispielhaft die vielfältige Pflanzenkultur um 1920. Der Hausgarten versorgte den Haushalt mit dem alltäglichen Küchenbedarf sowie mit Heilkräutern und Blumenschmuck. Er war vorwiegend eine Domäne der Bäuerin.
Die Stallscheune wurde gleichzeitig mit dem Wohnhaus errichtet. Sie vereint zwei arbeitstechnisch eng miteinander verbundene Funktionen unter einem Dach: Im linken Teil befindet sich die Scheune mit Tenne und Barn, auf der rechten Seite stand das Vieh, das sein Futter durch drei Öffnungen, die sogenannten Futterlöcher, von der mittig angeordneten Tenne erhielt. Der schlichte Bau weist ein einfaches Strebenfachwerk auf, das seit Beginn des 19. Jahrhunderts allgemein Verbreitung fand. Im Museum hat die Stallscheune wieder einen Lehmstampfboden erhalten und ist mit originalen bäuerlichen Gerätschaften ausgestattet.

Die Postagentur wurde nach Befragen ehemaliger Postkunden so detailgetreu wie möglich rekonstruiert.

Als ein Glücksfall für das Freilandmuseum erwies sich, daß eine Reihe originaler Einrichtungsgegenstände und sehr viele Archivalien, die über das Anwesen Auskunft geben, noch im Haus vorhanden waren und mit übernommen werden konnten.

Der Backofen wurde von der Küche aus bestückt und beheizt.

Die Küche ist so detailgetreu eingerichtet, daß man denkt, die Bäuerin sei mal eben in den Hausgarten gegangen, um für das Abendessen Salat oder Gemüse zu besorgen.

Vor der Stallscheune zeigen der Rechenmacher und Besenbinder den Museumsbesuchern am Handwerkertag ihr Können, und mit manchem Besen, der hier gekauft wurde, wird zur Kehrwoche vor dem eigenen Haus gefegt.

Schlicht und doch eine schöne Wanddekoration: die Rollen- und Schablonenmalerei an den Wänden der Schlafkammer.

Ein fast kunstvolles Bild ergibt die Torwand der Scheune mit den ungezählten Garbenschnüren.

Armen- und Gemeindehaus

aus Reichartshausen, Landkreis Miltenberg

Das als Armenhaus bezeichnete Gebäude ist ein bemerkenswertes Zeugnis der ländlichen Sozialgeschichte im Odenwald. 1876 wurde das zweigeschossige Gemeindegebäude aus dem landschaftstypischen Buntsandstein in massiver Bauweise errichtet; der Steinbau kam hier allgemein zu dieser Zeit auf, denn das Baumaterial lieferten nun preisgünstig die örtlichen Steinbrüche. Im Laufe seiner Geschichte erfüllte das Gebäude zentrale Aufgaben im gemeindlichen Fürsorge- und Ordnungswesen als Armen- und Hebammenunterkunft, Feuerwehrgerätehaus und Gefängnis.
Im Raum für Feuerlöschgerätschaften neben dem Eingang steht jetzt die Feuerspritze aus Gottersdorf von 1899. Dahinter schließt sich eine Stallung mit separater Futterkammer an. Rechts vom Flur und im gesamten Obergeschoß sind die Wohnräume untergebracht. Der an die Küche angebaute Backofen stammt aus dem Jahr 1937; er hat wahrscheinlich einen älteren Backofen ersetzt.
Die Bewohnerstruktur war vielschichtig. Dorfhirten, wie ursprünglich beabsichtigt, lassen sich als Bewohner nicht nachweisen. Doch belegt ist, daß der Armenpflegschaftsrat der Gemeinde bis 1945 Besitz- und Mittellose in das Haus einwies.
Auch die Reichartshausener Hebamme hatte hier bis 1925 ihre Dienstwohnung.
In der Zeit der beiden Weltkriege wurden französische, polnische und russische Kriegsgefangene in einem Raum im Obergeschoß interniert. Unter dem Dach lebte mehrere Jahrzehnte ein verarmter Dorfschuster mit Familie. Die Schusterwerkstatt konnte unter Mithilfe des Sohnes des Schuhmachers wieder vorbildgetreu eingerichtet werden.

Im Gemeindehaus waren Arme und die Hebamme untergebracht, es diente als Feuerwehrgerätehaus und Gefängnis. Unter dem Dach lebte der Dorfschuster mit seiner Familie.
Gezeigt werden die Wohnverhältnisse in der Zeit zwischen 1876 und 1945.

Die Wohnräume für die Armen waren je nach deren Habseligkeiten möbliert. Manche Räume hatten auch einen eigenen Herd.

Im Obergeschoß befindet sich das Gefängnis. Hier wurden in den beiden Weltkriegen französische, polnische und russische Kriegsgefangene interniert.

Grünkerndarre

aus Altheim, Neckar-Odenwald-Kreis

Seit dem Ende des 19. Jahrhunderts besaß nahezu jeder bäuerliche Betrieb im Bauland, der Landschaft südöstlich vom Odenwald, seine eigene Darre, um halbreifen Dinkel über der Feuerstelle zu Grünkern zu rösten. In Nordbaden erlangte seine Produktion eine große wirtschaftliche Bedeutung. Bis zum Zweiten Weltkrieg zählte Altheim zu den Ortschaften in der Region mit dem höchsten Grünkerndarrenbestand. Aufgestellt am Ortsrand, wegen der großen Brandgefahr, standen 1939 zweiundzwanzig Darren.
Die in das Museum translozierte Darre aus Altheim gehörte ursprünglich zu einem denkmalgeschützten Grünkerndarren-ensemble am südlichen Ortsrand. Von dem baufälligen Bauwerk existierten nur noch die Grundmauern und die Darrbühne. Seine Wiederherstellung im Museum basiert auf der sorgfältigen Untersuchung der Bauhölzer und einer historischen Fotografie.
Die Funktionsweise der Darren ist denkbar einfach: Durch einen Rauchkanal, an dessen Mundloch ein Feuer entzündet wurde, zog der heiße Rauch in den Hohlraum unter das wie ein Sieb gelöcherte Darrblech. Der darauf ausgebreitete, halbreif geerntete Dinkel wurde in einem vierstündigen Darrvorgang zu Grünkern geröstet. In beißendem Qualm mußten die Gehilfen den „Käärn“ immer wieder mit einer Holzschaufel wenden, um zu verhindern, daß er anbrannte.
Als Brennmaterial war vornehmlich Buchenholz geeignet, da der Buchenholzrauch den Geschmack des zu röstenden Getreides vorteilhaft beeinflußt.
Alljährlich findet im Odenwälder Freilandmuseum am dritten Juliwochenende das „Grünkernfest“ statt, mit Vorführungen der Grünkernherstellung und seiner Verarbeitung zu manch köstlichem Gericht.

Vor der Darre werden die Sensen und Sicheln gedengelt, die zur Ernte des halbreifen Dinkels gebraucht werden.

Die Bilder auf dieser Doppelseite zeigen nicht die Altheimer, sondern die Sindolsheimer Grünkerndarre, die ebenfalls im Museum zu sehen ist. Jedes Jahr wird die Darre am dritten Juliwochenende zum „Grünkernfest" in Betrieb genommen. Dazu wird am „Mundloch" ein Feuer mit Buchenholz angezündet. Der heiße Rauch zieht durch einen Rauchkanal unter das gelöcherte Darrblech. Immer wieder müssen die Gehilfen (früher die gesamte bäuerliche Familie) während des Röstvorganges in beißendem Qualm den Dinkel wenden, um zu verhindern, daß er anbrennt.

Hohenloher Freilandmuseum Wackershofen

Etwa zehn Autominuten von der alten Reichsstadt Schwäbisch Hall entfernt steht am Rande der Waldenburger Berge das Freilandmuseum Wackershofen. Es zeigt das ländliche bauliche Erbe aus der Hohenloher Ebene, aus den regionalen Weinbauorten und aus dem Schwäbisch-Fränkischen Wald.
50 historisch wertvolle Gebäude sind bis Mitte 1997 in das Museumsgelände versetzt worden. Eines Tages sollen es über 80 Gebäude sein, die die ländliche Kultur dieser Region der Nachwelt in ihrer ganzen Bandbreite präsentieren.
Die historischen Gebäude belegen nur einen kleinen Teil des Museumsgeländes. Die Äcker und Wiesen werden unter historischen Gesichtspunkten bewirtschaftet. Außerdem wurden zahlreiche Bauerngärten angelegt.

Beim Blick von der Baugruppe „Waldberge" auf das Museumsdorf und die faszinierende Hohenloher Landschaft kommt man ins Schwärmen und vergißt dabei, daß die historischen Gebäude in unglaublich mühevoller Kleinarbeit von den unterschiedlichsten Orten hierher versetzt wurden.

Bahnhofsgebäude

aus Kupferzell, Hohenlohekreis

Nicht nur Bauernhäuser und Scheunen früherer Zeiten sind vom Abbruch bedroht, sondern auch die für viele Dörfer früher charakteristischen technischen Anlagen des späten 19. Jahrhunderts, wie Lagerhäuser, Werkstätten und Bahnhöfe. Gerade auf dem flachen Land war man stolz auf den hart erkämpften Bahnanschluß, der nicht nur Fortschritt, sondern auch einen kleinen Wohlstand für die Bauern und Handwerker in die ländlichen Regionen gebracht hatte. So war es selbstverständlich, daß sich das Hohenloher Freilandmuseum um die Übernahme des vom Abbruch bedrohten Bahnhofsgebäudes bemühte. Der Wiederaufbau erfolgte 1990.

Das Bahnhofsgebäude lag an der eingleisigen Nebenstrecke Waldenburg–Künzelsau.

Das Bahnhofsgebäude, in Fachwerkbauweise errichtet, besteht aus drei Baukörpern: in der Mitte der zweigeschossige Hauptbau mit dem Fahrdienstraum im Erdgeschoß und der Wohnung für den Stationsvorsteher im Obergeschoß, seitlich angefügt der Warteraum und ein Güterschuppen mit Rampe. Die Anlage entspricht den damaligen Gepflogenheiten der württembergischen Staatsbahn.

Genossenschaftliches Getreidelagerhaus

aus Kupferzell, Hohenlohekreis

Ende 1896 gründete Wilhelm Dutt zusammen mit 80 Landwirten aus der Umgebung von Kupferzell eine landwirtschaftliche Genossenschaft, ganz im Sinne von Friedrich Wilhelm Raiffeisen.
Das gesammelte Getreide sollte direkt an Abnehmer wie Großmühlen oder Brauereien zu einem günstigen Preis abgesetzt werden. Dazu mußte das Getreide gereinigt und nach Qualitätsstufen vorsortiert werden; eine Arbeit, die der einzelne Bauer kaum selbst durchführen konnte.
1897 wurde das Lagerhaus gebaut; 1898 war es erstmals zur Aufnahme einer vollen Ernte seiner jetzt 400 Mitglieder zählenden Genossenschaft bereit.
Das Lagerhaus besteht aus einer einfachen Fachwerkkonstruktion, seine Außenwände tragen eine senkrechte Holzverschalung; durch waagrechte Anbringung von Jalousien ist das Gebäude gut durchlüftet.
Über dem unterkellerten Teil stehen drei Hauptgeschosse. Im Erdgeschoß befindet sich neben dem Absackungs- und Verladeraum der bodengleich eingelassene Einfülltrichter für das anzuliefernde Getreide. Über diesen Trichter rutscht das vorher gewogene, in Qualitätsstufen eingeteilte Erntegut in den Keller. Von dort aus wird es über ein elektrisch betriebenes Becherwerk bis in die Dachspitze hinaufbefördert. Durch die Schwerkraft verteilt es sich über diverse Holzröhren nach unten in die Reinigungsmaschinen oder gleich in die Lager- und Sortiersilos. Sämtliche Maschinen waren elektrisch betrieben, so daß das Lagerhaus nur von einer Person bedient werden mußte – ein wirtschaftliches Anliegen Wilhelm Dutts.
Das Kupferzeller Lagerhaus von 1898 gilt als das älteste genossenschaftliche Lagerhaus Baden-Württembergs. Es war Wegbereiter für ähnliche Einrichtungen im Lande.
Als die Gemeinde Kupferzell nach der Stillegung des Betriebes 1981 wegen einer Straßenverbreiterung das Gebäude abreißen wollte, führte dies zu Überlegungen, wie man dieses „Dokument" des Genossenschaftswesens der Nachwelt erhalten könne. Dank der Hilfen des Württembergischen Genossenschaftsverbandes und der Maschinenfabrik Eirich aus Hardheim konnte das Lagerhaus in Wackershofen neben den dortigen Bahngleisen wieder vollständig und funktionsfähig errichtet werden.

Gasthof „Roter Ochsen“

aus Riedbach, Stadt Schrozberg, Landkreis Schwäbisch Hall

Schon zu Beginn der Planungen für das Hohenloher Freilandmuseum war ein Gaststättengebäude für die Besucher vorgesehen. Ein dafür geeignetes historisches Anwesen war das seit Jahren leerstehende und vom Abbruch bedrohte Gasthaus „Roter Ochsen“ in Riedbach bei Schrozberg. Das um 1715 erbaute mächtige zweigeschossige Haus war von Anfang an als Gastwirtschaft geplant worden. Den barocken Neubau ließ Johann Peter Schmitt erstellen. Unter Johann Conrad Friedrich Ziegler, der in die Schmittsche Familie eingeheiratet hatte, wurde der „Ochsen“ 1811 zur Poststation am Postkurs Augsburg – Frankfurt.

Beim Abbau des Gasthauses wurde den Museumsmitarbeitern von den Dorfbewohnern eine alte „Sage“ erzählt. Danach sei der wegen seiner Leibesfülle bekannte König Friedrich von Württemberg einmal im „Ochsen“ eingekehrt. Des Nachts habe er seine Notdurft verrichten müssen, den vorhandenen Nachttopf als zu klein empfunden und schließlich, nach mehreren Angeboten größerer Gefäße, einen eilig herbeigeschafften Waschbottich als passend akzeptiert.

Nachforschungen ergaben, daß König Friedrich vom 24. bis 28. Juli 1810 eine Reise nach Weikersheim unternommen hatte, wobei er tatsächlich am 27. Juli 1810 durch Riedbach gekommen war. Daß er in dem stattlichen Gasthaus übernachtete, ist also durchaus wahrscheinlich. Auch spricht die bauliche Ausstattung des Nebenzimmers links des Treppenaufgangs für einen hohen Besuch in dieser Zeit im „Ochsen“. Unter mehreren Farbfassungen wurde hier ein auffälliges Rosa auf den Wänden und eine Bemalung der Holzvertäfelung mit klassizistischem Blumen- und Rankwerk freigelegt.

Seit 1986 war der „Rote Ochsen" der kulinarische Mittelpunkt des Freilandmuseums, bis er im Dezember 1993 abbrannte. Dank der Finanzierung durch die Gebäudebrandversicherung konnte der Gasthof rasch wiederaufgebaut werden.

Beim Wiederaufbau in Wackershofen mußte das alte Gasthaus zwei Forderungen erfüllen: Einmal sollte es historisch getreu wiederentstehen, andererseits sollte es für die Bewirtung der Museumsbesucher praktisch eingerichtet sein. Dies ist durch mühevolle Detailarbeit in hervorragender Weise geglückt.

Wohn-Stall-Haus

aus Elzhausen, Gemeinde Braunsbach, Landkreis Schwäbisch Hall

Das Gebäude mit dem Erdgeschoß aus behauenen Sandsteinquadern und dem einfachen Fachwerk im Obergeschoß sowie die Aufteilung der Wohn- und Stallräume entspricht genau dem vom Kupferzeller Pfarrer Mayer beschriebenen und empfohlenen Gebäudetypus für die Bauernhäuser dieser Region. Es war jedoch keine Neuerfindung des auch als „Gipsapostel" bekanntgewordenen Kupferzeller Pfarrers. Dieser Haustyp hatte sich schon im Mittelalter als praktisch und nützlich erwiesen. Pfarrer Mayer erkannte die besonderen Qualitäten dieses Hausgrundrisses und empfahl sie zur Nachahmung, was um 1800 besonders in Hohenlohe geschehen ist.
Der heutige Zustand im Museum ist weitgehend eine Rückführung in den Bauzustand von 1794. Als Johann Georg Kuch 1831 in die Familie des Bauern Georg Heinrich Schuhmacher einheiratete und den Hof übernahm, wurde am Haus einiges verändert. Die augenfälligste Neuerung ist das Glockentürmchen, das 1832 auf die obere Bühne gesetzt wurde und etwa drei Meter über den Dachfirst hinausragt. Da es im Museumsgelände nicht möglich war, die Originalsituation mit dem halb im Hang stehenden Gebäude herzustellen, hat sich die Museumsleitung entschlossen, die rückwärtige Außentüre ins Erdgeschoß zu verlegen und die Lücke im Obergeschoß mit Fachwerk zu schließen. Über eine nachempfundene Treppe erreicht man das Wohngeschoß, das mit Möbeln aus der Zeit anfangs des 19. Jahrhunderts eingerichtet ist. Als Hersteller dieser prächtigen, bemalten Möbel wird der Umkreis des Schreinermeisters Rößler aus Untermünkheim genannt.

Im Innern des Türmchens hängt eine Bronzeglocke mit einer Inschrift, „Zum Andenken gestiftet von Georg Heinrich Schumacher, Bürger zu Elzhausen“. Sie kann, wie früher, von der kleinen Kammer neben der Küche mit dem dort endenden Glockenseil bedient werden.

Ein verzierter Sandsteinsockel und ein sichtbares Fachwerk im Obergeschoß waren um 1800 bei diesem Bauernhaustyp üblich. Die reichlich vorgesehenen, großen Fenster lassen Licht und Luft in die Wohnräume. Auf der schönen Giebelseite liegen hier die Stube und daneben die großzügig bemessene Küche.

Im Bauernhaus aus Elzhausen zeigen im Herbst die Landfrauen aus der Umgebung ihr handwerkliches Können am Spinnrad, am Webstuhl und beim Spitzenklöppeln und natürlich das Einmachen von Obst und Gemüse.

Die schönen, bemalten Bauernmöbel stammen aus dem Umfeld des Schreinermeisters Rößler aus Untermünkheim. An diesen Möbeln läßt sich auch der Wohlstand der Bauernfamilie ablesen. Ein besonders bemaltes Möbelkunstwerk ist der Hochzeitsschrank aus der ersten Hälfte des 19. Jahrhunderts.

An späten Herbst- und Wintertagen, wenn draußen auf dem Feld die Arbeit ruht, liest die Großmutter den Kindern Geschichten vor, die die harte Arbeit der Bauern, das Jahr über, vergessen lassen.

Ausdinghaus

mit Back- und Waschküche
aus Moorbach, Gemeinde Grab, Rems-Murr-Kreis

Aus alten Plänen und Fotos geht hervor, daß sich hinter dem Wohn-Stall-Haus aus Elzhausen ein sogenanntes „Ausdinghaus" befand – ein kleines Wohnhaus für die Alten, die den Hof an einen Nachfolger übergeben hatten.
Bei der Hofübergabe war die vertragliche Festlegung von Dauerwohnrecht und Versorgung für die ausscheidenden Alten ein wichtiger Punkt in den notariell beglaubigten Kaufakten. Das Haus mußte für den Hof neben seiner Nutzung als „Ausgeding" noch weitere Funktionen übernehmen. Die Wasch- und Backküche mit den eingebauten Schweineställen diente allen Bewohnern, nicht nur den Alten. Zwei Kammern in der Wohnung und im Dachboden waren zeitweise von unverheirateten Angehörigen des Hofbesitzers bewohnt. Beim Abbau des Gebäudes wurde auf der Flurwand des Erdgeschosses unterhalb der Schlafkammer unter mehreren Putzschichten das Bild eines schwebenden Engels entdeckt. Dieser groß gemalte Engel mit Posaune stammt wohl noch aus der Erbauungszeit. Von seiner Gestaltung her ist er identisch mit Engelsdarstellungen auf gedruckten Schutzbriefen, sogenannten „Himmelsbriefen", mit denen man sich schon zu Lebzeiten einen Platz im Paradies erkaufen konnte. Im Haus selbst diente er wohl als Schutzengel, denn nach Erzählungen der Erben wurden hier immer wieder Menschen und Tiere von seltsamen Krankheiten befallen.
Der Wiederaufbau im Museum erfolgte 1985 bis 1986.

Laut der historisch überlieferten Einteilung des Wohn-Stall-Hauses aus Elzhausen war hinter dem Rinderstall im Untergeschoß ein kleiner Schweinestall abgeteilt. Da dieser beim Umbau des Hauses um 1832 verdrängt wurde, war es notwendig, ein separates kleines Schweinestallgebäude zu errichten.

Nicht immer die Regel, wohl eher sogar die Ausnahme war die Anlage eines eigenen Ausdinghauses. Meist konnte den Eltern, wenn sie den Hof an einen Sohn verkauften, im Wohngebäude selber eine kleine Wohnung mit heizbarer Stube und Küche zur Verfügung gestellt werden.

Die Stube der Altbauern wurde im Museum im Stil der Jahrhundertwende eingerichtet.

Wohn-Stall-Haus

aus Schönenberg, Gemeinde Untermünkheim, Kreis Schwäbisch Hall

Hier schuf die traditionelle Handwerksarbeit der einheimischen Zimmerer und Steinhauer ein repräsentatives Gebäude, das sich von seinem Äußeren her eher mit einer Villa als mit einem Bauernhaus vergleichen läßt. 1886 reichte der Bauer Johann Michael Härterich einen Bauplan zur Erstellung eines neuen Wohnhauses ein. Nach Fertigstellung dieses Gebäudes ließ er sein altes Wohnhaus, das direkt daneben gestanden hatte, abreißen. Das zweigeschossige Sandsteingebäude ist von der Fassade her streng gegliedert. In der Mitte der Längswand führt das mit einem Giebel geschmückte Eingangsportal in den Querflur, auf dessen rechter Seite Pferde- und Schweinestall, links Knechtkammer, Schafstall sowie Back- und Waschküche angelegt sind. Vom Flur aus gelangt man über eine zweiläufige Treppe ins Obergeschoß mit der Wohnung, die immer noch einen Zuschnitt hat wie die Häuser 100 oder 200 Jahre zuvor. Ganz im Gegensatz zur damaligen Zeit wirkt die klassizistische Fassade eher etwas modisch. Die vor dem Abbau durchgeführte Farbuntersuchung der Wohnräume ermöglichte auch deren zeittypische farbliche Rekonstruktion. Erstaunlich ist dabei, daß die große Wohnstube farblich recht schlicht gehalten, die Schlafkammer jedoch mit üppigen Schablonenmalereien ausgestattet worden war.

Der Hausgarten ist eine farbenprächtige, einmalige Mischung aus Nutz- und Blumengarten. Er diente zur Ernährung der Bauernfamilie sowie der Zierde des Hofes.

Zum Wohn-Stall-Haus aus Schönenberg gehörte eine etwas zurückgesetzte, ältere Scheuer. Hier im Freilandmuseum hat das Haus eine große Stallscheune, die „Scheune Rath“ aus Bühlerzimmern, erhalten, die zur Dorfstraße hin mit dem Wohnhaus und der Schmiedewerkstatt einen offenen Dreiseithof bildet.

Da es kein fließendes Wasser im Haus gab, gehörte das „Lavoir“ zur Ausstattung einer Schlafkammer.

Erstaunlich, daß die großartigen Schablonenmalereien nur in den Schlafkammern zu sehen sind.

Wohnhaus

mit Werkstätten und Hintergebäude
aus Oberrot, Landkreis Schwäbisch Hall

In dem zweistöckigen Doppelhaus aus Oberrot, das 1766 erbaut wurde, lebten und arbeiteten über zwei Jahrhunderte hinweg viele Handwerkerfamilien. Mehr als hundert Jahre lang waren es zwei Handwerksbetriebe, die sich in hervorragender Weise ergänzten: Schmiede und Wagnerei. Die beiden Werkstätten liegen direkt unter den Wohnräumen. Der Erbauer war der Maurer Johannes Michael Laubmann, dessen Initialen „IML" sich neben der Jahreszahl 1766 im Türsturz finden. Schon der nächste Besitzer trennte eine Haushälfte sowie die dazugehörige Scheuer ab und verkaufte sie 1794 an seinen Schwager. Die linke Hälfte erwarb 1837 der Schmied Georg Kolb aus Sittenhardt. Er baute im Erdgeschoß eine Werkstatt ein. Nachdem Kolb in wirtschaftliche Schwierigkeiten geraten war – bedingt durch sieben konkurrierende Schmieden in Oberrot –, ersteigerte diesen Hausteil erneut ein Schmied aus dem Hällischen, Jakob Hoffmann aus Westheim. Auch die rechte Haushälfte erlebte einen häufigen Besitzerwechsel, bis sie 1859 erstmals ein Wagner erwarb. Der neue Besitzer, Georg Friedrich Haas aus Mainhardt, richtete sich, wie sein Nachbar, seine Werkstatt im Erdgeschoß ein. Zur Jahrhundertwende gehörte die Schmiede Johann Hoffmann, die Wagnerei Karl Lippoth, einem aus Cleebronn zugezogenen Wagnermeister. Bis zu seinem Abbau blieb das Haus im Besitz dieser Familien. Die beiden Werkstätten arbeiteten eng miteinander, so daß sich in den dreißiger Jahren die Schmiede „Hufschlag und Wagenbau" nennen konnte. Als die Häuser dem Museum angeboten wurden, waren sie leergeräumt. Keine der Werkstätten besaß noch wichtiges Inventar. Die Museumsleitung bemühte sich, eine Einrichtung zu finden, die der Zeit, als in den beiden Häusern noch emsig gearbeitet wurde, entsprach. Für die Wagnerwohnung konnte die komplette Einrichtung eines Handwerkerhaushaltes aus Eutendorf erworben werden; bei der Schmiedewohnung wurde auf die Einrichtung verzichtet, dafür ist eine kleine Dokumentation zur Haus- und Handwerkergeschichte aufgebaut.

Seit 1858 sind die beiden Werkstätten – Schmiede und Wagnerei – in diesem Doppelhaus vertreten, zwei Handwerksberufe, die sich in vielen Bereichen gegenseitig ergänzten.

Die nachempfundene Schuhmacherwerkstatt im oberen Stockwerk stammt aus der Zeit um 1830, als der Schuhmacher Leonhard Rück mit seiner Familie im Haus arbeitete und wohnte.

Armenhaus

aus Hößlinsülz, Gemeinde Löwenstein, Kreis Heilbronn

Das „Armenhaus" war eine kommunale Einrichtung. Die Gemeinden stellten den Ärmsten der Armen, ähnlich wie heute Obdachlosen, ein Haus zur Verfügung, das auf Kosten der Gemeinde gebaut und unterhalten wurde. Das Hößlinsülzer Armenhaus aus dem Jahre 1744, das heute im Freilandmuseum steht, kann man als „Taschenausgabe" der eingeschossigen Bauernhäuser dieser Region bezeichnen. Der mittig liegende Eingang mit Treppe ins Obergeschoß teilt das Haus in zwei Hälften: rechts sind die Wohnstube und eine Schlafkammer, hinter dem Flur die Küche mit Abtritt und auf der linken Seite zwei Kammern. Das heute als Armenhaus bezeichnete Gebäude wurde als „Hirtenhaus" eingerichtet. Der jeweilige Dorfhirte bewohnte es unentgeltlich. Er mußte dafür „wieder kommende armen Leuthe übernacht" beherbergen.
Ab 1821 wurde es an Tagelöhner mit ihren Familien vermietet, die anderswo keine Unterkunft finden konnten.
Um 1890 wohnten, auf engstem Raum, in der rechten Stube die Familie Kübler mit fünf Kindern und, in der dazugehörigen Stubenkammer, der kranke Adam Müller. Die Nebenstube bewohnte die Familie Hoffmann mit zwei Kindern.
In der kleinen Kammer dahinter lebte die geisteskranke Philippine Krötzner. Die Dachkammern wurden, um ein kleines Zubrot zu verdienen, manchmal untervermietet. Ab 1930 war nur noch ein Teil des Armenhauses bewohnt. Von 1936 bis Kriegsende war in der rechten Stube, dem größten Raum, das örtliche Hitlerjugendheim untergebracht. Im linken Hausteil wohnte während des Krieges eine russische Frau mit zwei Kindern.
Nach dem Krieg belegte eine Flüchtlingsfamilie aus Bessarabien mit zehn Personen das kleine Häuschen von 1946 bis 1954. Danach sollte das Haus nicht mehr vermietet werden, weil Küche und Abort kaum noch zu benützen waren. Eine Familie aus Hößlinsülz erklärte sich bereit, das Häuschen gegen Mieterlaß zu richten. So wohnte noch einmal ein Ehepaar mit sieben Kindern in dem kleinen Haus. Nach dem Tod der Ehefrau 1970 zog die Familie allmählich aus, bis als letzter Bewohner der kranke Vater 1984 das Haus verließ.

Der romantische Eindruck trügt, denn allzuoft war ein Apfel auf dem Teller die einzige Mahlzeit.

In der linken Haushälfte ist die Einrichtung einer vielköpfigen Tagelöhnerfamilie aus der Zeit vor dem Ersten Weltkrieg nachempfunden.

Die Wohnung im rechten Hausteil zeigt die Wohnumstände einer Flüchtlingsfamilie nach dem Zweiten Weltkrieg.

Tagelöhnerhaus

aus Hohenstraßen, Gemeinde Mainhardt, Kreis Schwäbisch Hall

Tagelöhner waren als Grundbesitzlose allein auf ihre Arbeitskraft angewiesen. Sie verdingten sich tageweise als Helfer auf den Höfen und versuchten, den kärglichen Lohn mit Flick- und Reparaturarbeiten aufzubessern.
Das als „Tagelöhnerhaus“ bezeichnete Gebäude wurde um 1825 von dem Samenhändler Friedrich Huber erbaut. Ob es von Anfang an als Wohnhaus für eine Familie oder als Ausdinghaus für die Alten gedacht war, ist nicht bekannt. Katharina Huber verkaufte das Häuschen mit seinem kleinen Garten nach dem Tode ihres Mannes an ihre Tochter Magdalena und deren Bräutigam Friedrich Rückert. Dabei ist „der Verkäuferin Sitz und Aufenthalt im Hause und in der Stube bei kalt und warm zu gestatten“. Ihr wird zur allgemeinen Nutzung die kleine Stubenkammer überlassen. Mit dem Kauf erwarben die Kinder einige wenige Hausratsgegenstände.
Nach dem Tod der Witwe Magdalena Rückert 1878 wurde deren Besitz versteigert; ihn erwarb der Flickschuster Friedrich Scheu mit seiner Frau Heinrike aus Hohenstraßen. Der Ehemann brachte, neben wenig Bargeld, nur einen Koffer, ein Gesangbuch, Kleider und Handwerkszeug mit. Die Aussteuer der Heinrike Scheu umfaßte Kleider, Bettwäsche, etwas Küchengeschirr, einen Kleiderkasten, eine Kommode, einen Tisch und zwei Stühle, eine Bettlade und einen Schemel. In diesem kleinen Wohnhaus kamen bis 1895 neun Kinder zur Welt. Hinzu waren zwei Kinder zu rechnen, die Heinrike in die Ehe mitgebracht hatte. In dieser beengten Situation ging der Vater zusätzlich noch seiner Arbeit als Flickschuster nach.
Einer Spezialfirma ist es gelungen, das Gebäude als Ganzes und nicht zerlegt in das Hohenloher Freilandmuseum zu transportieren. Bis auf den neuen Fußboden präsentiert sich das Häuschen im Museum genauso, wie es zuletzt in Hohenstraßen vorgefunden wurde: Alle Elektroleitungen, egal ob alt oder relativ neu, alle Putz- und Malschichten mit ihren Gebrauchsspuren an den Wänden, selbst der Ruß in der Küche blieben erhalten. So konnte die einmalige Atmosphäre des Häuschens bewahrt werden.

Die Einrichtung des Tagelöhnerhauses geht auf die Jahre um 1880 zurück, als die Familie des Flickschusters Friedrich Scheu hier wohnte.

Die Möbel wurden entsprechend der Aussteuerliste von 1876 ausgesucht. Somit ist das Gebäude mit seinen jüngeren Zutaten, wie Stromleitungen, Gardinenschienen und der Wanddekoration, nicht mit der Zeit des dargestellten Inventars identisch.

Seldnerhaus

aus Schwarzenweiler, Stadt Forchtenberg, Hohenlohekreis

In jedem Dorf der Region gab es neben den Höfen der Großbauern eine Reihe unterschiedlicher „Kleinbauernanwesen". Handwerker boten ihre Dienste den ganz auf Ackerbau und Viehzucht eingestellten Großbauern an. Kleinbauern stellten ihre Arbeitskraft den Großbauern zur Verfügung. Seldner, Köbler, Beisassen, hießen diese ärmeren Landbewohner.
Sie waren dabei jene Kleinbauern, die zwar ein eigenes Haus mit einem Stück Land besaßen, jedoch weder von ihrer Landwirtschaft noch ihrer „Fremdarbeit" leben konnten.
Schwarzenweiler war ursprünglich als Schäferei der Fürsten Hohenlohe-Öhringen ein großer Einzelhof. 1777 wurde der herrschaftliche Schafhof aufgeteilt und an Kaufwillige vergeben. 1778 erwarb der Weber Kitterer „einen Platz hinterm Garten an der Landstraße, worauf der Käufer eine Wohnung zu bauen gedenkt". Dabei dürfte es sich um den Platz des Seldnerhauses gehandelt haben. Das kleine Gebäude mit einer Grundfläche von nicht mehr als 90 Quadratmetern ist als sogenanntes „Einhaus" gebaut. Unter dem gemeinsamen Dach sind Wohnung, Stall und Scheune angeordnet. Die Wohnung über dem niedrigen Stall besteht aus nur vier Räumen: dem Flur, der Küche, der Stube und einer Kammer. Die Anordnung der Räume zueinander entspricht dem klassischen Grundrißzuschnitt dieser Region.
Die Einrichtung konnte, nach Erzählungen der Nachfahren, im Zustand um 1925 nachgestellt werden.
Stube und Kammer waren, wie in den Häusern der Seldner üblich, nur durch eine dünne Bretterwand geteilt. Von der Küche aus führt eine enge Stiege in den nicht ausgebauten Dachboden, wo die Kinder schliefen.

Das Seldnerhaus steht malerisch am kleinen Dorfweiher.

Herrliche Bauernrosen säumen die Eingangstreppe und laden die Museumsgäste zum Verweilen ein.

Trotz der Armut der Bewohner ist die Wohnstube mit aufwendigen Schablonenmalereien gestaltet.

Der kleine Hasenstall am Seldnerhaus wird von Kindern ständig umlagert.

Steigengasthaus „Rose“

aus Michelfeld, Landkreis Schwäbisch Hall

Bedingt durch die hohenlohischen Landschaftsformen mit ihren tief eingeschnittenen Tälern und den Anhöhen zum Schwäbisch-Fränkischen Wald wurde hier ein besonderer Gasthoftyp üblich: die vor lang ansteigenden Verkehrsstraßen gelegenen Steigengasthöfe. Hier konnten die Fuhrleute ihre Tiere unterstellen und sich selbst mit einem kräftigen Erfrischungstrunk stärken. Gegen entsprechendes Entgelt spannte der Wirt auch seine eigenen Zugtiere vor und begleitete die schweren Wagen bis zur Höhe hinauf.

Die wechselhafte Geschichte des Steigengasthauses „Rose“, in dem Mord und Totschlag aktenkundig geworden sind, mit den vielen sagenhaften Erzählungen, die sich um das Gasthaus ranken, machen das Haus im Museum nicht nur zu einem baugeschichtlichen Denkmal, sondern auch zu einem lebendigen Geschichtszeugnis. Das Gebäude, wie es 1979 vom Museum vorgefunden wurde, dürfte hauptsächlich in zwei Bauphasen entstanden sein. Um 1750 wurde das Haus im heutigen Umfang errichtet.

Das Steigengasthaus entspricht dem Typ des zweigeschossigen Wohn-Stall-Hauses. Statt der Wohnung befinden sich hier die Gasträume im Obergeschoß. Das Erdgeschoß ist in drei Zonen aufgeteilt: Rechts vom Flur befindet sich der Ochsen- und Pferdestall, links des Flures die Wagenremise. Der breite Querflur endet rückseitig mit der zweiläufigen Treppe. Direkt unter der Haustüre ist der Bodenbelag abnehmbar, unter den Dielen wird dann die breite Steintreppe in den gewölbten Keller frei. So konnten die großen Most- und Weinfässer in den Keller gebracht werden. Für den Wirt wurde vom Schankraum aus ein kleines Treppchen eingebaut, damit er rasch aus dem kühlen Keller einen frischen Krug Most für die durstigen Gäste holen konnte.

Das Obergeschoß wird auf beiden Hausseiten von Gaststuben eingenommen: links der große Hauptgastraum, dahinter eine kleine, ebenfalls beheizbare Nebenstube, auf der rechten Seite der Tanzsaal, im Zustand um 1801 dargestellt, ebenfalls mit einem Nebenraum. Dazwischen liegen Küche und Treppen.

Ein besonderer Glücksfall bescherte dem Freilandmuseum die originale Scheune des Steigengasthauses von 1821. Sie hatte einem Neubau an der gleichen Stelle weichen müssen. Somit entstand im Museum erstmals ein nahezu einmaliges Ensemble: Wohnhaus und Scheune stammen vom gleichen Hof.

Die wechselhafte Geschichte des Steigengasthauses „Rose" mit den vielen sagenhaften Erzählungen, die sich um das Gasthaus ranken, machen das Haus im Museum nicht nur zu einem baugeschichtlichen Denkmal, sondern auch zu einem lebendigen Geschichtszeugnis.

Blick in die schmale Schlafkammer des Steigengasthauses.

Der Tanzsaal erhielt 1801 dem Zeitgeist entsprechend eine weiße Stuckdecke.

Einmal jährlich, beim „Kochen in alten Bauernküchen", wird hier in der Küche des Steigengasthofes das Krauthobeln gezeigt; vom Backhäuschen her duftet schon der frisch gebackene Zwiebelkuchen.

Die Spunddecke in der großen Gaststube ist charakteristisch für die Zeit um 1750. Der gußeiserne Ofen in der großen Stube stammt aus dem Welzheimer Wald, die Wirtshaustische kommen aus dem Wirtshaus „Grüner Baum“ in Neunkirchen. Die Apfelringe wurden im Herbst nach der Apfelernte von Kindern an der Spunddecke zum Trocknen aufgehängt.

Nach alten, deutlichen Spuren konnten in der Küche der gemauerte Herd für das offene Feuer und der Rauchfang rekonstruiert werden.

Wohn-Stall-Haus

Weidnerhof, am alten Standort in Wackershofen erhalten

Der Weidnerhof gehört zum Dorf Wackershofen selbst und blieb an Ort und Stelle erhalten. Er wurde vom Museum 1979 übernommen und danach in den Zustand um 1850 versetzt. Erstmals urkundlich erwähnt wird der Hof um 1655, als Hans Schultheiß das Anwesen von seiner Mutter kaufte. Als das große, zweistöckige Wohn-Stall-Haus 1838 neu gebaut wurde, war Georg Frank Weidner der Besitzer der Hofstelle. Zur Bauzeit 1838 war lediglich die Stube verputzt, Flur und Kammern zeigten sichtbares, graugestrichenes Fachwerk mit gelblichen Putzflächen. Die Küche war in einem satten Rostrot gehalten. Geheizt wurde die Stube, in der ein gußeiserner Kastenofen stand, von der Küche aus. Dieses Haus übernahm schon wenige Jahre später Friedrich Hartmann, der es 1865 wiederum mit dem ganzen Hof an seinen gleichnamigen Neffen aus Gschlachtenbretzingen bei Michelbach überschrieb. Dieser jüngere Friedrich Hartmann wurde als Mitglied der Liberalen Volkspartei zum Abgeordneten für die Bezirke Backnang, Schwäbisch Hall, Öhringen und Weinsberg in den Berliner Reichstag gewählt und 1895 zusätzlich in den Stuttgarter Landtag, dem er fünf Jahre angehörte. Das Haus, so wie es sich heute darstellt, entspricht einer sachgerechten Rückführung in den ursprünglichen Zustand. Bauliche Störungen der jüngeren Zeit im Stallbereich wurden entfernt, das Fachwerk freigelegt und ergänzt. Insbesondere wurden dabei die verzierten Eck- und Mittelpfosten, die wegen späteren Verputzens abgebeilt wurden, wieder nachgeschnitzt, Türen in die originale Lage zurückverlegt, die Ausdingküche rekonstruiert und die beiden Krüppelwalme nach Befund nachgebaut. Nach vorübergehender Nutzung als Ausstellungsraum dient das Wohnhaus nun hauptsächlich der museumspädagogischen Arbeit.

Im Weidnerhof wird heute Schülern nähergebracht, wie man früher gearbeitet hat.

Einer der jährlichen Höhepunkte im Museumsdorf ist das Schlachtfest Anfang November vor dem Weidnerhof. Hier wird nach alter Tradition die Hausschlachtung durchgeführt, und die Besucher des Museums freuen sich auf Metzelsuppe und Schlachtplatte.

Der neu angelegte Garten des Weidnerhofes mit der Gartenlaube aus Mangoldsall.

Winzerhaus

aus Sachsenflur, Stadt Lauda-Königshofen, Main-Tauber-Kreis

Das kleine, einstöckige Winzerhaus aus Sachsenflur entstand als erstes Gebäude der Gruppe „Weinlandschaft". Der Weinbau in Sachsenflur wurde stets in Verbindung mit dem Anbau von Feldfrüchten betrieben. Im Dorf reihen sich die Häuser hauptsächlich giebelständig der Hauptstraße entlang. Sie haben durchweg große Keller für die Lagerung des Weines. Im Regelfall sind die Scheunen quer zum Wohnhaus als Abschluß des Hofes errichtet, vorne zur Straße hin war ein niedriges Hoftor mit Fußgängerpförtchen angebracht.
Bei der Entdeckung durch das Hohenloher Freilandmuseum war das Haus seit Jahren unbewohnt und vom Einsturz bedroht. Das Fachwerkhaus zeigte sich vor Ort als ein Doppelwohnhaus, dessen Einteilung mit je zwei Stuben, Küchen und Kammern einer baulichen Veränderung um 1900 zu verdanken war. Im Grunde aber stammen das tragende Gerüst, der gesamte Dachstuhl und der große gewölbte Keller aus dem 16. Jahrhundert. Der Umstand, daß dieses Haus aus dem 16. Jahrhundert gar nicht mehr im originalen, zeittypischen Zustand eingerichtet werden konnte, verhalf dem Freilandmuseum zu einer neuartigen Konzeption: Das Sachsenflurer Haus wurde zu einem Architekturdenkmal, das alte Bauformen, Techniken und Materialien verdeutlicht. Aufgeschnittenes Gewölbe und geöffnete Wände mit den Lehmflechtwänden sowie der Lehmwickeldecke zeigen den Werdegang beim Bauen eines solchen Gebäudes.

Bedingt durch die enge Ortslage der Weindörfer ist eine rückwärtige, querstehende Scheune nicht immer möglich, so daß eine längs aufgeschlossene Scheune mit der Tenneneinfahrt an der Giebelseite im Straßenbild häufig vorkommt. Die Scheune aus Klepsau ist ein typisches Beispiel; sie wurde 1514 in einfacher Fachwerkkonstruktion erbaut.

Die massive Außenstiege aus Buntsandstein ist typisch für die Winzerhäuser des 16. Jahrhunderts aus dem Main-Tauber-Kreis.

Wohn-Stall-Haus

aus Verrenberg, Stadt Öhringen, Hohenlohekreis

In Verrenberg stand das eingeschossige barocke Haus parallel zur Straße. Entgegen dem sonst hier üblichen Haustyp mit der giebelseitigen Ausrichtung und dem gestelzten Wohngeschoß über dem großen Weinkeller ist dieses Haus nahezu ebenerdig erschlossen. Über dem Kellerbogen ist inschriftlich 1717 datiert. Seit Ende des 18. Jahrhunderts ist das Anwesen nachweislich über fünf Generationen bis in die Gegenwart hinein im Besitz der Familie Bort. Die Borts wurden anfänglich als „Söldner", später als „Bauern" im Register geführt. Ende des 19. Jahrhunderts bewirtschafteten die Borts etwa 1,5 Hektar Wiesen, 1,5 Hektar Äcker und 18 Ar Rebfläche, zusätzlich 3 Hektar Wald. Der Weinbau war damals nicht vorrangig; er diente hauptsächlich der Eigenversorgung. Angebaut wurden vor allem Riesling und Silvaner.
Als 1938 gegenüber eine neue Stall-Scheune entstand, wurde der enge Stall im Untergeschoß aufgegeben. Das Wengerterhaus wurde ab 1978 nicht mehr bewohnt und verfiel zusehends. Jahre später wurde es im Freilandmuseum wiederaufgebaut und somit der Nachwelt als ein kulturgeschichtlich bedeutsames Haus erhalten.

Der herrliche Gemüse-, Kräuter- und Blumengarten vor dem Stallschuppen brachte Abwechslung in die Küche und Farbtupfer ins Haus.

Heute dient das Winzerhaus aus Verrenberg an den Wochenenden den Besuchern des Museums als Besenwirtschaft.

Herrschaftliche Kelter

aus Oberohrn, Gemeinde Pfedelbach, Hohenlohekreis

Etwas abseits der Baugruppe „Weinlandschaft“, unterhalb des Museumsweinberges, liegt die „Gofmanr.skelter“, die als herrschaftliche Baumkelter des fürstlichen Hauses Hohenlohe-Öhringen vor Ort bei Oberohrn in einer vergleichbaren Lage stand. Die ältesten bisher aufgefundenen Dokumente erwähnen die Kelter schon um 1663. Nach der Zehntablösung wurde sie 1850 Gemeindekelter und wurde später als Schafscheuer genutzt. Das altertümliche Erscheinungsbild mit dem großen Vollwalmdach auf einem kaum mannshohen Steinsockel läßt an spätmittelalterliche Bauformen denken. Zwei gegenüberliegende Tore führen in die hohe Halle mit den neun freistehenden Stützen. Diese vier Meter hohen Holzpfeiler tragen eine eigene Dachkonstruktion mit zwei liegenden Stühlen übereinander.

Die wiederaufgebaute Kelter im Museum entspricht dem ursprünglichen Bau von 1720. Im Innern sind zwei Baumkeltern aufgestellt, mehrere kleine Spindelpressen und die obligatorischen Fässer.

Dorfkapelle

aus Stöcken, Gemeinde Adelmannsfelden, Ostalbkreis

Die kleine Dorfkapelle wurde als erstes Gebäude der geplanten Baugruppe „Waldberge" ins Hohenloher Freilandmuseum versetzt. Mitarbeiter des Museums hatten die kleine Kapelle zufällig entdeckt und von deren geplantem Abriß erfahren. Mit dem Eigentümer, der katholischen Kirchengemeinde, dem Denkmalamt und dem Landratsamt wurde beschlossen, daß dieser kleine sakrale Bau ins Freilandmuseum Wackershofen versetzt werden sollte.
Die Bauinschrift im Sturzbogen zeigt das Datum 1834. Vermutungen, daß der Bau älter sein sollte und vielleicht noch aus dem 18. Jahrhundert stammen könnte, bewahrheiteten sich nicht. Da die Entfernung zur Pfarrkirche in Bühlerzell 1 ½ Wegstunden betrug, bat Pfarrer Löhner 1883 das Bischöfliche Ordinariat in Rottenburg, in der Stöckener Kapelle Gottesdienst lesen zu dürfen. Am 1. Mai 1884 wurde erstmals ein Gottesdienst gehalten; dazu wurden ein neuer Altar und ein Sakristeischrank angeschafft. Alle Einrichtungsgegenstände, die meist wohl aus der Zeit um 1884 stammen, wie Altarbänke, Beichtstuhl und Sakristeischrank, sind erhalten geblieben und konnten wieder aufgestellt werden.

Tiere im Museum

Viele Museumsbesucher, vor allem aber Kinder, kennen die Tiere auf den Bauernhöfen nur vom Fernsehen oder aus historischen Bilderbüchern. Aber selbst Besucher, die mit dem Landleben noch einigermaßen vertraut sind, staunen über die Vielzahl der Tiere und die natürliche Art, wie sie hier im Freilandmuseum in Wackershofen gehalten werden.
Die Limpurger Kühe sind klein und nicht auf Massenmilchproduktion gezüchtet. Die Schweine sind nicht rosig, sondern schwarz gefleckt, eine Züchtung, die als „Schwäbisch-Hällisches Landschwein" bekannt und beliebt ist. Ziegen, Schafe, Hühner, Gänse und Hasen leben hier in natürlicher Eintracht zusammen und vermitteln ein lebendiges Landleben. Den historischen Gebäuden und Stallungen kommt aus konservatorischen Gründen eine besondere Bedeutung zu. Dies begründet, daß sich die Haltung der Tiere im Museum – trotz fachgerechter Betreuung – als sehr schwierig erweist. Es ist wohl auch der Hauptgrund dafür, daß nur in wenigen Freilandmuseen wie hier in Wackershofen Tiere gehalten werden.

Hier muht's, quiekt's, meckert's, blökt's, gackert's und schnattert's, daß es eine wahre Freude ist.

Die Hammerschmiede Gröningen

Gemeinde Satteldorf, Landkreis Schwäbisch Hall

Der Schmiedegeselle Johann Adam Bäuerlein ließ sich 1804 von der Königlich-Preußischen Kriegs- und Domänenkammer in Ansbach den Bau einer Hammerschmiede im bis dahin unberührten Gronachtal genehmigen. Dieses erste Haus war zweigeschossig und dreigeteilt. 1847 wurden alle drei Gebäudeteile unter einem Dach zusammengefaßt. 1892 wurde das Hauptgebäude um eine Etage aufgestockt und erhielt damit sein heutiges Aussehen. Unter Karl Bäuerlein arbeiteten um die Jahrhundertwende zeitweilig bis zu sechs Gesellen, die vor allem Werkzeug für die Landwirtschaft und das Handwerk in Serie herstellten.
Zu den Produkten zählten unter anderem Äxte und Beile, Schaufeln, Spaten, Hacken, Keile, Radschuhe und Hämmer. Die Waren wurden mit der Bahn von Satteldorf aus bis nach Westpreußen und Schlesien, ja sogar bis nach Mailand und Paris geliefert.
Die Hammerschmiede blieb bis 1948 in Betrieb. Als Technikdenkmal entdeckt, wurde die gesamte Anlage von 1979 bis 1982 vom Schwäbischen Heimatbund unter Anleitung von Albert Rothmund restauriert und der Öffentlichkeit als Museum zugänglich gemacht. Das Hohenloher Freilandmuseum bemüht sich, die ganzheitlichen Aspekte des Lebens und Arbeitens in der Hammerschmiede wieder herauszuarbeiten.
Über der Schmiede liegt die Werkstatt mit den Maschinen zur Feinbearbeitung der Werkstoffe. Hier finden wir Drehbänke und Bohrmaschinen, die mit Wasserkraft angetrieben werden. Direkt am Wohnhauseingang liegt der Verkaufsraum mit den sauber aufgereihten Erzeugnissen der Hammerschmiede. In der Stall-Scheune wurde eine kleine Gaststätte eingerichtet. In ihrem Dachgeschoß ist eine Ausstellung zur Geschichte der Hammerschmiede aufgebaut. In einem Nebengebäude unterhalb der Scheune ist eine Ölmühle aus Rot am See wiederaufgebaut worden. Heute wird die Hammerschmiede im Zustand von 1892 dargestellt.

Die Ausstattung und Einrichtung im Wohnteil der Hammerschmiede aus der Zeit der Jahrhundertwende zeugt von einer gewissen Wohlhabenheit der Familie Bäuerlein.

Im reizvollen, tief eingeschnittenen Tal der Gronach, unterhalb von Gröningen, steht die Hammerschmiede. Sie wurde 1804 erbaut und ist seit 1988 ein an Ort und Stelle erhaltenes Technikdenkmal.

Der Museumsschmied vor der Esse beim Schmieden eines Werkstückes auf dem Amboß.

Von der Welle aus wurden früher Schleifsteine und Maschinen angetrieben. Später übernahm eine gesonderte Turbine den Antrieb.

Unterhalb der Hammerschmiede steht das Turbinenhäuschen aus der Zeit um 1890. Von hier aus versorgt die Turbine eine Windmaschine, die durch eine lange Blechrohrleitung Frischluft in das Schmiedefeuer bläst.

Die mächtigen, zentnerschweren Schwanzhämmer werden durch die vom oberschlächtigen Wasserrad angetriebene Holzwelle über Nocken hochgehoben und auf die Ambosse fallengelassen.

Im Dachgeschoß der Scheune ist eine Ausstellung zur Geschichte der Hammerschmiede aufgebaut. Hier wird auch die ganze Produktpalette der hergestellten Werkzeuge auf einer großen Wandtafel gezeigt.

In dem Nebengebäude unterhalb der Scheune ist eine Ölmühle zu sehen.

Freilichtmuseum Beuren

Am Fuße der Schwäbischen Alb entstand bei Beuren im Landkreis Esslingen ein Freilichtmuseum mit Gebäuden und Gehöften der Landschaftsbereiche Mittlerer Neckar, Filder, Schurwald und Schwäbische Alb. Jedes der Gebäude erzählt seine eigene Geschichte und Geschichten der Menschen, die darin lebten und arbeiteten.

Gebäude und Hausumfeld werden in einem festgelegten Zeitschnitt präsentiert. So kann unter anderem eine Scheune in ihrem Erbauungszustand von 1496 besichtigt werden, ein Bauernhaus aus der Zeit um 1800, ein Back- und Waschhaus im Zustand um 1900, eine Schreinerei aus den zwanziger Jahren und ein Backhaus, wie es 1980 noch in Betrieb war. Für den Wiederaufbau im Freilichtmuseum Beuren stehen weitere Gebäude aus dem Einzugsgebiet zur Verfügung. Diese Gebäude sind in den nächsten Jahren für den Aufbau in den Baugruppen „Neckarland" und „Alb" vorgesehen.

Mitten in blühenden Obstbäumen, mit Blick auf die Teck, zeigt sich das jüngste Freilichtmuseum von seiner schönsten Seite.

Wohn- und Wirtschaftsgebäude

aus Tamm, Kreis Ludwigsburg

Johann Georg Mannsperger, Bauer, Fuhrmann, Metzger und zeitweise Ochsenwirt, errichtete 1726 das Hauptgebäude mit Ställen im Erdgeschoß. Mannsperger gehörte zur dörflichen Oberschicht in Tamm. Das stattliche zweigeschossige Gebäude ist voll unterkellert; es hat einen Gewölbekeller mit einer Grundfläche von 110 Quadratmetern. Am Haus befinden sich schöne Steinmetzarbeiten, interessante Inschriften, Wappen und eine Wappenträgerfigur, die an den Sohn des Erbauers erinnert, der bei einem Steintransport unter die Räder eines Fuhrwerks kam und starb.

Johann Georg Mannsperger errichtete über der Hofeinfahrt im Jahre 1743 einen Anbau, versehen mit einer Stuckdecke im Rokokostil. Für ein Bauernhaus des 18. Jahrhunderts war dies eine außergewöhnliche Ausstattung. Die prächtigen Räume werden mit Aufenthalten des Herzogs Carl Eugen in Verbindung gebracht. 1855 ging der Hof in den Besitz der Familie Wyrich über. 1974 wurde die Hofanlage an die Gemeinde Tamm verkauft. Um die Durchgangsstraße im Ort erweitern zu können, sollte das Haus abgerissen werden.

1980 erfolgte der Abbau des Gebäudes für das geplante Freilichtmuseum. Heute dient es als Eingangsgebäude mit einer gemütlichen Museumsgaststätte im Obergeschoß.

Der Wirt der Museumsgaststätte „Steinbüble“ verwöhnt seine Gäste mit allerlei Köstlichkeiten aus der Region.

Die Wappenträgerfigur an der Hausecke erinnert an den Sohn des Erbauers, der beim Steintransport unter die Räder eines Fuhrwerks kam und starb.

Die vielen unterschiedlichen am Bau verwendeten Werksteine an Fenstern und Türen sind fehlbehauene Steine, die eigentlich für das zur selben Zeit erbaute Schloß Ludwigsburg bestimmt waren. Als Fuhrmann konnte Johann Georg Mannsperger leicht an dieses preiswerte Baumaterial kommen.

Scheuer

aus Gärtringen, Kreis Böblingen

Die „Scheüren oben im Dorff" erwähnte erstmals der Gemeindeschreiber von Gärtringen im Jahre 1579. Sie war Teil eines Hakengehöfts und wurde bereits 1496 erbaut. Es folgte ein bewegter Besitzerwechsel durch die Jahrhunderte. Die Scheuer wurde dreißigmal getauscht, verkauft und vererbt.
Der älteste urkundlich belegte Besitzer war der Schultheiß Veit Wechner.
Als einer der letzten noch erhaltenen Unterfirstständerbauten im Mittleren Neckarraum steht die Scheune für eine im Spätmittelalter weit verbreitete Konstruktionsweise. Größere Umbauten hat diese Scheuer in den 500 Jahren ihres Daseins nicht erlebt. Deshalb hat man im Freilichtmuseum beschlossen, sie im Erbauungszustand wieder aufzurichten. Ihre Gefachfelder wurden mit Lehmflechtwerk geschlossen.
Das Dach wurde nach alter Handwerkerart mit Stroh gedeckt.
Zusammen mit dem gegenüberliegenden Hof Mannsperger bildet die Scheuer ein Parallelgehöft.

In der Scheune sind thematisch wechselnde Ausstellungen zu sehen. Noch mehr Aufmerksamkeit zieht allerdings der Kolonialwarenladen auf sich, in dem man richtig einkaufen kann. Ende der zwanziger Jahre hatte Albrecht Schach den Laden in der Werastraße in Nürtingen eröffnet. Vor einer stattlichen Anzahl von Schubladen, die mit Emailschildern versehen sind, baut sich eine mächtige Theke mit Waage und allerlei Utensilien auf. Der Großteil der Einrichtung stammt aus den Eröffnungsjahren, als Lebensmittel noch lose verkauft wurden.
Als Albert Schach den Laden eröffnet hatte, waren die beiden Töchter Else (geboren 1923) und Helene (Jahrgang 1925) noch kleine Mädchen. Die ältere Tochter half den Eltern, solange sie unverheiratet war. Nach ihrer Eheschließung begann die 20jährige Helene mit ihrer Tätigkeit hinter der elterlichen Ladentheke; Zeit zum Heiraten blieb für Helene Schach nicht: Der Laden war ihre Lebensaufgabe. Erst 1992, mit dem Tod von Helene Schach, endete die Ära des Kolonialwarenladens.

Tag für Tag stand Helene Schach in Nürtingen mit einer weißen, frisch gestärkten Trägerschürze hinter der Ladentheke. Ihr besonderes Markenzeichen war ein Fahrrad, an der Lenkstange links und rechts die vollbepackten Taschen; damit wurde den Kunden auf Wunsch die Ware ins Haus geliefert.

Größere Umbauten hat diese Scheuer in ihrem 500jährigen Dasein nicht erlebt, deshalb hat man beschlossen, sie in ihrem Erbauungszustand wieder aufzurichten. Im Detail erkennt man die hervorragende Zimmermannsarbeit.

Backhaus

aus Esslingen-Sulzgries, Kreis Esslingen

Als Eigentümerin des massiven, 1887 aus Sandsteinquadern errichteten Gebäudes wurde die „Backhausgesellschaft Sulzgrieß" in den Akten geführt. Obwohl die Eigentümer 1921, 1951 und 1984 wechselten, wurde das Backhaus fast hundert Jahre lang genossenschaftlich genutzt.
Da es in den Dörfern wegen der vielen Backöfen immer wieder zu Bränden kam, versuchte die Obrigkeit ab Mitte des 18. Jahrhunderts die privaten Backhäuser zu verbieten. So erließ der württembergische Herzog Carl Eugen 1758 eine Verordnung, die die Gemeinden dazu verpflichtete, statt dessen öffentliche Wasch-, Dörr- und Backhäuser zu errichten. Die Gemeinden setzten diese Anordnung nur ungern um, da sie die Baukosten zu tragen hatten.
1986 stellten die Eigentümer des Backhäusles einen Abbruchantrag, der jedoch abgelehnt wurde, da es als „einfaches Kulturdenkmal" eingestuft wurde. Mit der Umsetzung des Backhauses in das Freilichtmuseum nach Beuren konnte das Gebäude erhalten und der Backbetrieb zeitweise wieder aufgenommen werden.

Dieses Back- und Waschhaus wurde 1813 auf den Fildern in Sielmingen erbaut. Es war Teil einer Hofanlage, die aus einem Wohnhaus, einer Scheuer und einem Stall bestand. Das Anwesen gehörte zur Hälfte dem Schmied und Bauern Hans Jerg Schäfer und seiner Ehefrau Margaretha Schäfer, geb. Fauser. Die andere Hälfte besaß der Bruder der Ehefrau, der Sielminger Bürgermeister Michael Fauser.
Die Wände bestehen aus Kalkbruchsteinen, die Eckquaderung aus Sandsteinen. Die Innen- und Außenwände sind mit Kalkmörtel verputzt und die Außenwände zusätzlich mit weißer Kalkfarbe übertüncht. Das vierseitige Zeltdach ist mit handgestrichenen Biberschwanzziegeln gedeckt. Die Inneneinrichtung besteht aus Backofen, Obstdarre und Waschkessel.

Von besonderem Reiz sind die hervorragend gestalteten Informationstafeln. Sie vermitteln den Besuchern des Museums Hintergrundwissen zu den Häusern und Historisches aus dem Alltag der Landbevölkerung.

Wohn- und Stallhaus mit Scheuer

aus Beuren, Kreis Esslingen

Das eingeschossige Wohn-Stall-Haus mit Scheune wurde im 16. Jahrhundert erbaut. Der erste eindeutige Beleg zur Geschichte dieses Hauses stammt aus dem Jahre 1733. Michael Krohmer, Bauer und Metzger, kaufte das Haus im Zuge der Erbteilung nach dem Tode seiner Eltern. Das Anwesen wurde beschrieben als „ein mittelmäsig einstöckhigs Hauß und Scheuren unter einem Tach mit einem gewölbten Keller sambt einem eßgärttlen darbey mitten im Dorf auch einer doppelten Schweintrug ohnfer des Hauses". 1755 taucht erstmals der Name Kittelberger in der Besitzergeschichte auf. Das Ehepaar Kittelberger hatte neun Kinder, von denen jedoch nur drei überlebten. Nach dem Tod seines Vaters Philipp Jakob Kittelberger 1815 kaufte Urban Kittelberger von seinen Geschwistern die Hausanteile. Der Bauer und Weingärtner zeugte 17 Kinder. Nach seinem Tod waren zehn Personen erbberechtigt.

Im Jahr 1863 kaufte das Ehepaar Doster das elterliche Haus der Frau. Christina Dorothea Doster, geborene Kittelberger, hatte 1849 Johannes Doster geheiratet. Das Ehepaar bekam acht Kinder. Johannes Doster richtete im Haus eine Bäckerei ein. Der Sohn Johannes heiratete 1883 Anna Maria Buck. Johannes war, wie sein Vater, Bäcker und Mitglied des Gemeinderates. Die Familie trug in Beuren den Beinamen „Bäcker-Doster". Das Ehepaar hatte neun Kinder. Im Haus lebten um die Jahrhundertwende 15 Personen.

Nach dem Tod der Eltern erbte Frieda Doster das Haus. Die letzte Besitzerin starb ohne Nachkommen, so daß das alte Haus „mitten im Dorf" verkauft wurde und später einem Neubau weichen mußte.

Durch den Vergleich zweier Inventare aus der Zeit um 1800 ließ sich der Möbelbestand dieses Hauses ermitteln und das Haus, soweit es möglich war, nach dem Wiederaufbau im Freilichtmuseum entsprechend einrichten.

Ein Fuhrmann zeigt an den Handwerkertagen voller Stolz sein prächtiges Pferdegespann.

Das mit alten handgestrichenen Biberschwanzziegeln gedeckte Dach zeigt sich in den herrlichsten Rottönen.

Scheuer

aus Beuren, Kreis Esslingen

Zwischen 1720 und 1982 wechselte die Scheuer zehnmal den Besitzer. Mit Ausnahme des letzten Besitzers waren sie alle Bauern. 1906 erwarb Jakob Schlegel, Bauer und Fronmeister, die Scheuer und baute einen Stall ein. 1982 wurde die Scheuer zum Abbruch freigegeben. Erst während der Abbrucharbeiten wurde die bauhistorische Bedeutung dieser Firstständerkonstruktion aus dem 15. Jahrhundert erkannt. Die Zerstörung konnte verhindert werden. Im Museum wird die Scheuer in ihrem Erbauungszustand gezeigt, die Gefache der Fachwerkkonstruktion sind mit Lehmflechtwerk geschlossen. Der Firstständerbau ist zur Zeit noch mit modernen Falzziegeln gedeckt. Dies soll jedoch eine Übergangslösung darstellen, bis die Scheuer ein Strohdach erhält, wie es ihrem Erbauungszustand entspricht.

In der „Schlegelscheuer“ werden Wechselausstellungen gezeigt.

Der Schweinestall gehörte ursprünglich als Nebengebäude zu einem Bauernhof in Ehningen. Er ist in drei Stallbuchten unterteilt auf einer Grundfläche von 15 m². Die mit Bruchsteinen gemauerten Wände sind mit Kalkmörtel vollflächig verputzt. Der Stallboden ist aufwendig gearbeitet, so daß die Tiere auf einem trockenen Spaltenboden aus Holz standen. Die Jauche konnte nach außen abfließen.

Schweine wurden in der Region bis ins 18. Jahrhundert im Freien gehalten. Der Schweinehirt der Gemeinde führte die Schweine auf die Brache oder in den Wald.

Wohnhaus und Schreinerwerkstatt

aus Ohmenhausen, Kreis Reutlingen

Im Jahre 1763 wurde das Wohngebäude mit einem kleinen Wirtschaftsteil an eine bestehende Scheuer von dem Schultheißensohn Hans-Jerg Hornung und seiner Frau Anna angebaut. 1778 vergrößerte der Besitzer das Haus durch einen „Anstoß". Der bestehende Fachwerkgiebel wurde versetzt und wiederverwendet. Die alte Scheuer wurde 1810 abgebrochen und durch einen Neubau ersetzt, das im Bereich des Stalles liegende Fachwerk gegen ein Tuffsteinmauerwerk ausgetauscht. Der Eingang wurde nach dem Entfernen der Außentreppe vom Obergeschoß ins Erdgeschoß verlegt.

1923 eröffnete der Schreinermeister Karl Walz im Haus eine Schreinerwerkstatt. Die Landwirtschaft wurde aufgegeben. Im Haus lebten außer der Schreinerfamilie Walz mit ihren beiden Kindern auch die Schwiegereltern, das Ehepaar Digel, sowie deren „altledige" Tochter Luise Digel. Alle sieben Personen wohnten in den Räumen des Obergeschosses. Wohnung und Werkstatt aus den zwanziger Jahren werden hier präsentiert. Zwei große Ereignisse veränderten das Alltagsleben der Bewohnerinnen und Bewohner: der Anschluß an das Stromnetz und an die öffentliche Wasserversorgung.

Eine Holzkassettendecke ziert das Wohnzimmer.

Sommerliches Stilleben vor dem Fenster der Schreinerei.

Die kleine Küche ist auf das Einfachste eingerichtet, so daß man sich nur schwer vorstellen kann, daß in dieser Küche für sieben Personen gekocht wurde.

Die Schreinerei zeigt sich, wie sie in den zwanziger Jahren eingerichtet und unverändert bis zum Abbau des Hauses betrieben worden war.

Handwerker im Museum

Für ein Spielhaus auf dem Gelände des Freilichtmuseums errichten die Zimmerleute aus Oberboihingen und Beuren einen Fachwerkgiebel.

Die Türbeschläge der Stubentüre fertigt der Schmied auf seiner transportablen Kleinschmiede vor der Schreinerei aus Ohmenhausen.

Der Schreiner beim Anlegen der Türfüllung für die Stubentüre des Wohn-Stall-Hauses aus Beuren.

Die sogenannten Butzen werden sorgfältig in Blei gefaßt und zu einem Butzenfenster, wie es im Wohn-Stall-Haus zu sehen ist, zusammengesetzt.

Der Gipser – an der Scheuer aus Gärtringen – beim Verputzen des Fachwerks mit einem Gemisch aus Neckarsand und Kalk.

Die pädagogische Mitarbeiterin des Museums fertigt mit den Kindern sogenannte Feierabend-ziegel.

Der Steinmetzmeister meißelt aus einem Sandsteinblock aus dem Schönbuch einen kleinen Brunnentrog.

Der Maler zeigt, wie mit einer Lasur aus Bier und geriebenem Terra-Siena verschiedene Holzmaserungen aufgetragen werden können.

Schwarzwälder Freilichtmuseum

„Vogtsbauernhof" Gutach

Ein Kleinod der besonderen Art ist das Schwarzwälder Freilichtmuseum „Vogtsbauernhof", aufgestellt in einer der reizvollsten Gegenden des Schwarzwaldes. Die Bauernhöfe mit ihren Nebengebäuden bestechen durch ihre für den Schwarzwald typische Bauweise und ihres Alters wegen. Sie stammen alle aus dem 16. bis 18. Jahrhundert und sind daher besonders markante und unwiederbringliche Zeugnisse alten Hausbaus, alter handwerklicher Fertigkeiten sowie bäuerlichen Lebens aus den verschiedensten Gegenden des Schwarzwaldes.
Ein reichhaltiges Veranstaltungsprogramm mit Sonderausstellungen und Vorträgen kündet vom Leben und Brauchtum, von Kultur und Technik im Schwarzwald.

Der „Vogtsbauernhof" ist die Keimzelle des Schwarzwälder Freilichtmuseums. Erbaut wurde er im Jahre 1612 am bestehenden Standort.

Das Hotzenwaldhaus

Nachbau des „Klausenhofes“ in Großherrischwand

Wegen der kalten und windigen Wintermonate im südlichsten, aber hochgelegenen Ausläufer des Schwarzwalds weist das Hotzenwaldhaus ein schützendes, auf allen vier Seiten tief herabgezogenes Dach sowie im Innern einen Umgang um den Wohn- und Stallteil auf. Die Hocheinfahrt des Gebäudes befindet sich zusammen mit dem Einfahrtshäusle am Ende der Breitseite.
Das heute im Museum stehende Gebäude ist ein Nachbau des „Klausenhofes“ in Großherrischwand. Der „Klausenhof“ ist heute wohl das letzte noch stehende Hotzenwaldhaus. Da im Hotzenwald nahezu alle Gehöfte abgerissen oder baulich stark verändert wurden, beschlossen die örtlichen Behörden, den originalen Hof an seinem Standort zu belassen. 1979 errichtete Professor Hermann Schilli einen Nachbau für das Museum, der seit 1980 als Idealform eines Hotzenwaldhauses aus dem 18. Jahrhundert zur Besichtigung offensteht. Der Hauseingang befindet sich in der Mitte der Breitseite; hier betritt man den Umgang, den sogenannten „Schild“, der als Wetter- und Wärmeschutz für Mensch und Tier seine Bedeutung hatte. Im linken Teil des Erdgeschosses liegt der Wohnbereich. Hier befindet sich auch die Gute Stube mit dem sogenannten Herrgottswinkel. Die Ausstattung der Stube ist karg: einige Heiligenbilder, ein Bild Maria Theresias – der Hotzenwald gehörte lange zu Vorderösterreich – sowie ein Bild des österreichischen Amtsmannes Joseph Trendle. Eine Lackschilduhr und ein gläsernes, wassergefülltes Barometer vervollständigen das Stubeninventar. Neben der Stube befindet sich die Küche, klein und verrußt. In ihr steht ein Schwarzwälder Sparherd. Küchenkasten, Tisch und Hafenbank ergänzen die Einrichtung. Die äußere Kammer auf der Südseite beinhaltet das gesamte Zubehör zum Weben sowie einen Webstuhl aus der Zeit vor der Einführung der mechanischen Webstühle. Das Weben war der Haupterwerbszweig der Hotzenwälder.
Der Hotzenwald wurde so sehr mit der Weberei gleichgestellt, daß man ihn nach einem groben Tuch, der sogenannten „Hotze“, benannte.

Das Weben war der Haupterwerbszweig der Hotzenwälder, so auch des Hausbesitzers Michael Ebert im ersten Drittel des 19. Jahrhunderts. Alle mußten dabei mithelfen: die Kinder spulten das Garn oder die Wolle auf, Männer und Frauen wechselten sich bei der anstrengenden Webarbeit ab. Nicht umsonst hieß es im Volksmund: „Unser Herrgott hat viel gelitten, aber gewoben hat er nie."

In der guten Stube steht der Kachelofen mit der mehrstufigen Ofenbank und dem Gerüst zum Trocknen der Wäsche oder der durchnäßten Kleidung.

Schauinslandhaus

Nachbau des „Reeshanselhof“ aus Hofsgrund

Der Erwerb des Hauses durch das Museum kam wegen eines beanspruchten Wohnrechts nicht zustande, so daß seit 1982 ein am „Reeshanselhof“ orientierter Neu- und Nachbau besichtigt werden kann. Dieser wurde mit handbeschlagenen Hölzern aufgerichtet; er dokumentiert so den um 1730 erbauten Hofsgrunder Originalhof. Der Schauinslandhof liegt, wie das Hotzenwaldhaus, parallel zum Hang. Im Gegensatz zu all den anderen Schwarzwaldhäusern hat es den Hauseingang in der Mitte der Schmalseite; dieser konnte durch das weit herabreichende Schindelwalmdach geschützt werden. Ein ähnlicher Umgang wie beim Hotzenwaldhaus blieb beim Schauinslandhaus nur auf die Berg- und hintere Schmalseite beschränkt. Weil in diesem Gang der so wichtige Brunnen steht, wurde er Brunnenschopf genannt. Um gegen Wind und Wetter optimale Standfestigkeit zu bieten, war das Dach über dem Wohnbereich mit einem liegenden Dachstuhl, im Wirtschaftsteil mit Hochfirstsäulen konstruiert. Die Ausstattung des Hofes ist ähnlich dem des Hotzenwaldhauses. Neben der Küche ist eine Kammer im Erdgeschoß als Schnefler-Werkstatt eingerichtet. Diese dokumentiert eine Nebenbeschäftigung der Bauern im südlichen Schwarzwald. Hier wurden hölzerne Geschirre und Gebrauchsgegenstände wie Kübel, Standen, Schüsseln, Löffel, Schaufeln, Gabeln, Truhen und Schachteln gefertigt.

Die Stubenwände tragen die üblichen religiösen und familiären Bilder. Eine Lackschilduhr und eine hübsche Anrichte ziehen die Aufmerksamkeit der Besucher auf sich.

Im kleinen Hausgarten pflanzt die Bäuerin für ihren Haushalt Gemüse, Beeren, Blumen und Kräuter.

Durch eine zweite Tür an der Schmalseite des Hauses gelangt man in den „Brunnenschopf", der sowohl den Wirtschaftsteil erschließt, aber auch den Raum bietet, in der kalten Jahreszeit einer Arbeit nachgehen zu können.

Der „Hippenseppenhof“

aus Katzensteig, Stadt Furtwangen im Schwarzwald, Schwarzwald-Baar-Kreis

Der „Hippenseppenhof“ wurde im Jahre 1599 in Katzensteig bei Furtwangen erbaut. Er gehörte in den Einflußbereich des Klosters St. Georgen. 1965/66 wurde der Hof in Katzensteig abgebrochen und im Museum wiederaufgebaut. Seinen Namen hat der Hof nach seinem Besitzer Joseph Fehrenbach, der vor 200 Jahren aus dem „Hippen“, einem Gewann bei Eschek/Furtwangen, kam. Der Hof steht senkrecht zum Berghang, so daß er von dort aus über den Dachraum befahren werden kann. An der Stirnseite des Hofes befindet sich ein mächtiger, tief herabgezogener Vollwalm. Im Erdgeschoß ist der Wohn- und Stallbereich mit Stube und Küche untergebracht. Haus- und Dachgerüst stellen durch die Funktion der Firstsäulen eine bauliche Einheit dar. Die Folge dieser Firstsäulenkonstruktion ist eine außermittige Erschließung des Dachraumes. Das Einfahrtstor liegt also nicht in der Mitte des Walmes. Um aus neuerer Sicht das Alter und die Andersartigkeit der Hauskonstruktion zu betonen, nannte man diesen Hausbau „heidnisch“ und daher das Haus Schwarzwälder Heidenhaus. Der „Hippenseppenhof“ gehört zur älteren Form des Heidenhauses, das in seiner Talseite den Viehstall birgt. Dieser wird durch einen breiten Futtergang unterteilt. An der Wand hängen Viehglocken, deren vorderste die Leitkuh auf dem großen Marsch zu den alten Viehgroßmärkten zierte. Da der Endpunkt dieses Unternehmens oft Paris war, trägt die Glocke die Inschrift „à Paris“. Ihr Tragband ist reich besetzt mit Schellen.
Vorbei am Dengelstein betritt man den Wohnteil des Hofes durch eine zweigeteilte Tür. Der Hausgang führt einerseits ebenerdig zu Stube und Küche, andererseits über die Treppe ins Ober- und Bühnengeschoß. An der Wand beeindrucken die „Deuchelbohrer“, mit denen Fichtenstämme der Länge nach durchbohrt und danach als Wasserleitungsrohre benutzt wurden.

Als Schutz- und Abwehrzeichen, aber auch als Mahnmal ist das große Longinuskreuz an der Stallaußenfront zur Talseite zu verstehen. Die ausgeprägte christliche Volksfrömmigkeit hinderte die Schwarzwälder jedoch nicht daran, an heidnischen Überlieferungen in Brauchtum, Sage und Symbol festzuhalten. Die Furcht vor Gespenstern und Geistern war weit verbreitet.

Der Speicher wurde etwa um 1590 auf dem Gelände des Winterhalderhofes in Schollach bei Neustadt erbaut. Er diente zur Aufbewahrung von gedroschenem Getreide, von Nahrungsmitteln und wichtigen Hofdokumenten.

Die Hofkapelle beim „Hippenseppenhof" wurde 1736 beim Simonshof im Jostal erbaut und 1967 in das Museum umgesetzt. Sie diente zur Andacht und für das tägliche Gebet der Familie und des Gesindes.

In der Stube erkennt man den reich ausgestatteten Herrgottswinkel mit einer Muttergottesstatue und den bunten Heiligenbildern in der alten traditionellen Hinterglasmalerei sowie den typischen Löffelriemen, an dem die Löffel hingen, die zum Essen benützt und danach – ohne große Wäsche – dort wieder eingehängt wurden.

Der Küchenhausrat ist spärlich. Daß diese großräumige Küche auch für andere Tätigkeiten genutzt wurde, zeigen uns der Schnitzstuhl, der Hackklotz zum Schlachten und Zerlegen des Viehs und außerdem ein Butterfaß.

Das „Milchhäuschen" über dem Brunnen kühlte die Milch, Butter und andere Lebensmittel.

Gegenüber dem Herrgottswinkel steht der große Kachelofen mit der angebauten „Kunst", einem Nebenofen mit einer Bank. Vor dem Ofen stehen Kunkel, Haspel und Spinnrad.

Die Strohflechterin in ihrer herrlichen Schonacher Tracht flicht mit ihren flinken Fingern das Strohband, das für die Weiterverarbeitung zum Strohschuh gebraucht wird.

Die Perlkränze über der Truhe waren über Allerheiligen und bei Todesfällen zum Schmuck der Gräber bestimmt.

Der „Vogtsbauernhof“

in Gutach (Schwarzwaldbahn), Ortenaukreis

Der Hof wurde als kirchliches Gut durch den württembergischen Landesherrn 1536 zum Bestandteil des „Armenkastens“ von Hornberg gemacht. Als vererbbarer württembergischer Eigenhof blieb er lange in der Hand einer Familie. Die letzte „Vogtsbäuerin“ Barbara Aberle verließ ihn Ende 1965. Damals bestand das Freilichtmuseum schon über ein Jahr. Der Hofnamen erinnert an Martin Schuhmacher, der im 17. Jahrhundert als Talvogt von Gutach diesen Hof innehatte.

Das wichtigste Merkmal des Hauses ist von weitem gut zu erkennen: der helle Stein- oder Mauerkern in der Mitte der talseitigen Schmalfront. Dahinter liegt die steinumwandete Küche, die von der Stube und einer Kammer umgeben ist. Die Schmalseiten des Hauses werden durch Halbwalme geschützt; die talseitige ist durch zurückliegende Ortsgänge und Veranden gegliedert.

Die Geburtsstunde des Gutacher Haustyps schlug wohl am 1. März 1568, als in Stuttgart eine neue Bauordnung erlassen wurde. Diese besagte, daß in Zukunft die Küche wegen der von ihr ausgehenden Brandgefahr mit Steinwerk oder Fachwerk zu umgeben sei. Im Schwarzwald bestand die tragende Konstruktion der Häuser aber aus Ständern und Bohlen; man sah sich deshalb gezwungen, die stein- oder fachwerkummantelte Küche in die Mitte zwischen Stube und Kammer einzubinden. Dieser Haustyp kommt also nur in den ehemals württembergischen Herrschaftsgebieten vor.

Durch die Haustüre kommt man in den Hausgang, der quer zum First durch die ganze Hausbreite verläuft. An ihm reihen sich talseitig die Stube, die Küche und die hintere Kammer. Bergseitig befinden sich zwei weitere Kammern und der Durchlaß zum Stall. Die große Stube ist der wichtigste Raum des ganzen Hauswesens. Hier wurde gegessen, der Feierabend verbracht oder noch am Abend handwerklich gearbeitet. Hier amtierte der Bauer auch in seinen vogteilichen Aufgaben. Heiligenbilder fehlen. Im Herrgottswinkel ist in diesem Haus nur die Bibel in der Nische der Ecksäule aufbewahrt, ein Zeichen württembergisch-protestantischer Frömmigkeit. Gegenüber von Tisch und Bibelecke steht der mächtige Kachelofen mit der zweiseitigen „Kunstbank“. Hier war

Blumen zeigen sich im Spätsommer in ihrer vollen Pracht, der Bauerngarten vor dem Vogtsbauernhof ist wie ein gefüllter Blumenkorb.

Exakt die Schräge des mächtigen Strohdaches nimmt das kleine, strohgedeckte Brunnenhäuschen auf.

Das hübsche Paar in der traditionellen Gutacher Tracht posiert vor dem Vogtsbauernhof für seine vielen Besucher. Das Wichtigste an der Gutacher Tracht ist wohl der Bollenhut, der die Schwarzwälder Tracht auf der ganzen Welt so berühmt gemacht hat.

der familiäre Mittelpunkt der Stube. Die Küche ist in ihrer ganzen Breite zugleich auch Rauchfang. Die hintere Kammer im Erdgeschoß wurde meist als Altenteil benutzt. Jenseits des Hausganges liegen zwei weitere Räume, die als Kammer und Stube benutzt wurden. Hier werden heute Fotos und Modelle der verschiedenen Haustypen sowie Zimmermannswerkzeuge und ein Webstuhl gezeigt. Im Obergeschoß des „Vogtsbauernhofes" befindet sich die Schlafkammer der Bauersleute. Das Mobiliar ist, im Gegensatz zum „Hippenseppenhof", sehr zurückhaltend und nüchtern bemalt.
Die Innenausstattung eines Hofes, die Versorgung der Bauern mit Kleidung, Schuhwerk und Geräten war vor allem eine Sache der Handwerker. Diese waren dann Gast auf dem jeweiligen Bauernhof, aßen, lebten und übernachteten, je nach Auftrag, mehrere Tage. Vor allem in den kalten Wintermonaten waren sie bei den Bauern willkommen.

Hier am runden Tisch neben dem mächtigen Kachelofen lebte die Bauersfamilie, die ab 1816 den Vogtsbauernhof zusammen mit zwei anderen Familien als dreigeteiltes Bauerngut besaß.

Der Tisch des Schuhmachers mit der Lichtkugel.

Die hübschen hinterglasgemalten Bilder und wenige Familienbilder zieren die sonst schmucklosen Wände. Ihre Motive waren die ersten wieder zugelassenen in der evangelischen Andachtsgrafik.

Die Möbel in der Schlafkammer sind teils ornamental, teils flächig und farblich zurückhaltend bemalt, ganz im Gegensatz zu den Möbeln im katholischen „Hippenseppenhof".

Wie vor vielen Jahren, hat es sich der Schneider auf dem Stubentisch im Schneidersitz bequem gemacht und näht an einem Wams für den Hofbauern zu einem geringen Taglohn, denn Kost und Logis waren inbegriffen.

Die Bollenhutmacherin zeigt an den Handwerkertagen, wie aufwendig und sorgfältig die Bollenhüte gefertigt werden.

Das Spinnrad dreht sich emsig für die fleißige Flachsspinnerin, und dennoch bleibt Zeit für ein Schwätzchen.

Der Gutacher Speicher

aus Oberharmersbach, Ortenaukreis

Der Gutacher Speicher wurde anfangs des 17. Jahrhunderts in Oberharmersbach erbaut und 1963 in das Museum als Nebengebäude des „Vogtsbauernhofes“ versetzt. Er besteht aus einem steinernen Untergeschoß, in das an den beiden Vorderkanten eine Pflugschar und ein Füllhorn eingemeißelt sind. Der eigentliche Speicherteil wird von einem laubenartigen Gang, dem „Trippel“, umlaufen. Im Untergeschoß lagerte der Bauer Most und Wein in Fässern, Brot und Äpfel sowie Garten- und Feldfrüchte, die es zu überwintern galt. Im eigentlichen hölzernen Speicherteil wurden Lebensmittel, Schnaps, Grundstoffe für die Kleidung – Hanf, Schafwolle und Viehhäute – sowie in der Regel drei Ernten gedroschenen Getreides aufbewahrt. Damit war der Fortbestand bei Brand, Mißernte oder Hagelschlag gesichert. Das lebenswichtige Salz wurde neben den Hausdokumenten in einem geheimen eingebauten Fach aufbewahrt. Die Besonderheit dieses Speichers ist seine Zweiräumigkeit.
Die kleinere Hälfte hat hier dem Ausgedinger als ein eigener Vorratsraum gedient.

Die Hausmahlmühle

vom Adamshof in Vorderlehengericht, Stadt Schiltach, Landkreis Rottweil

Die Mühle im Gutacher Museum wurde 1609 auf dem Adamshof in Vorderlehengericht erbaut. Ihr Mühlwerk und die dazugehörige Gerstenstampfe wurden 1964 im Museum wiederaufgebaut. Das Recht, Mühlen zu betreiben oder aufstellen zu lassen, vergab der württembergische Regent. Zahlreiche Bittgesuche Gutacher Bauern um den Bau von Mühlen beim württembergischen Herzog bestätigen dies. Dann aber verstanden es die regionalen Landesherrn, sich dieses Recht zu sichern. Ende des 18. Jahrhunderts war die großzügige Mühlengenehmigung beendet. Der Müller war jetzt zum Handwerker geworden und mußte von seinem Erwerb leben können. Jeder Mühle wurde ein bestimmter Mahlbezirk zugesprochen, der mehrere Dörfer umfassen konnte.

Mahlmühlen kennt man im Schwarzwald schon seit dem 13. Jahrhundert. Sie basieren auf der Erfindung, die Wasserkraft mittels eines Wasserrades und eines Wellbaums in einer senkrechten Bewegung des Spindelwagens erneut wieder in eine waagrechte Bewegung des Läufersteines umzusetzen. Damit war die Schwarzwälder Mühle technisch vollendet. Innerhalb der Mühle befindet sich auch eine Stampfe, mit der früher Gerste zu Graupen gestoßen, aber auch Hirse, Dinkel, Heublumen und manchmal auch Hanf gestampft wurde.

Der Kinzigtäler Speicher

vom Reutehof in Einbach-Hauserbach, Stadt Hausach, Ortenaukreis

Der Kinzigtäler Speicher aus dem Jahre 1601 ist eine Kleinausgabe des Kinzigtäler Hauses, wie man es an Ort und Stelle im Vergleich mit dem „Lorenzenhof" deutlich erkennen kann. 1972 wurde der Speicher in das Museum umgesetzt. In diesem Speicher gibt es zwei Kammern, von denen eine im Volksmund oft als „Brautkammer" bezeichnet wurde. Sie wurde nämlich von der heiratsfähigen Tochter des Hofbauern benutzt. So wurde der Speicher zu dem Ort, an dem „die Gelegenheit dem nächtlichen Zusammenschliefen und anderen verdächtigen Zusammenkünften wissentlich gestattet wird". So wurde es in einer fürstenbergischen Verordnung aus dem Jahr 1757 mißbilligend ausgedrückt. Dies war anscheinend die übliche Form der Eheanbahnung. Im Keller des Kinzigtäler Speichers war der Lagerraum für Most und Wein. Hier wurden aber auch die zu überwinternden Lebensmittel gelagert. Neben den Kammern im Obergeschoß befindet sich der Fruchtkasten mit mehreren, nach Fruchtarten getrennten Gefachen. Das Dach besteht aus liegenden Stühlen mit Restfirstsäulen. Vorn zeigt das Dach einen Halbwalm nach Kinzigtäler Art; nach hinten ist das Dach verlängert und mit einem Vollwalm abgeschlossen. Dadurch entsteht ein gedeckter Einstellplatz für eine größere Weinpresse.

Vor dem Speicher steht ein Bildstock, der an einen Mord erinnert und zur Buße mahnt. 1835 hat ein eifersüchtiger Knecht seinen Nebenbuhler, der ein Verhältnis mit der Magd des Bauern hatte, erschossen.

Nach hinten ist das Dach verlängert und mit einem Vollwalm abgeschlossen, darunter steht eine mächtige hölzerne Weinpresse.

Der mit Sandstein gemauerte Eingang zum Speicher.

Der „Lorenzenhof“

aus Oberwolfach, Ortenaukreis

Das mächtige Hofgebäude des „Lorenzenhofs“ schließt den nördlichen Bereich des Museums ab. Der „Lorenzenhof“ wurde als dritter Hof im Museum 1971/72 aufgebaut. Zwar hatte man schon Jahre zuvor den Hof in Oberwolfach als eines der schönsten, noch erhaltenen Kinzigtäler Bauernhäuser erkannt, doch Abbau und Wiederaufbau im Museum zogen sich noch lange hin. Dieser im Jahre 1608 erbaute Hof im Machtbereich der Fürsten von Fürstenberg ist das älteste Gebäude im Museum: ein geschichtliches Dokument aus der Reformationszeit.

Der Hof steht in der Fallinie des Hanges und ist gestelzt. Dadurch besitzt er, im Gegensatz zu allen anderen Gebäuden im Museum, ein steinernes Untergeschoß, in dem Keller und Stall Raum haben. Auf diesem Steinuntergeschoß sitzt das hölzerne Obergeschoß mit zweiräumigem Wohnteil. Eine Seite des Wohnteils wird durch einen Trippel umlaufen. Ein mächtiges Strohwalmdach schützt das Haus. Wohnteil und Stall heißen hier „das Haus“; an dieses schloß sich zur Hangseite die „Scheuer“ an, die vom Fußboden bis unters Dach reichte. Auf der Stirnseite des steinernen Untergeschosses führt eine breite Tür in den Futtergang. Rechts und links davon wurden die Kühe quer zum Hausfirst eingestellt. Dies unterscheidet die Stallordnung von der in allen anderen Häusern im Schwarzwald.

Den Wohnteil des Hauses erreicht man an der Breitseite über eine Treppe, die auf einem schmalen Vorplatz endet. Die Haustür führt direkt in die Stube, welche durch ihre Größe und die gewölbte Decke überrascht. Hier steht der im oberen Kinzigtal oft zu findende eiserne Kastenofen mit zum Teil recht kunstvoll gestalteten Eisenplatten. Die Schlafkammer des Bauern und der Bäuerin liegt im Kinzigtäler Haus nicht über der Stube, sondern neben ihr. Sie ist in ihren Ausmaßen etwas kleiner, was der Küche zugute kommt, die sich im Hausinneren anschließt. In der Schlafkammer ist, neben dem üblichen Inventar, eine Handorgel untergebracht.

In der Küche sieht man einen eisernen Herd mit zahlreichen Kochlöchern und Ringen sowie einer umlaufenden Stange. Das große Wasserschiff gehört natürlich auch dazu. Mit dieser Herdgestaltung in der Küche soll der moderne Einfluß,

Der hangseits stehende Hof hat, im Gegensatz zu allen anderen Gebäuden im Museum, ein steinernes Untergeschoß, in dem Keller und Stall Raum haben. Darüber sitzt das hölzerne Obergeschoß mit Stube und Kammer. Vor der Kammer befindet sich ein umlaufender Trippel.

Der Bauerngarten beim „Lorenzenhof" ist ein optimales Beispiel für einen nachempfundenen Klostergarten mit intensiver Nutzung.

Der Dachraum wird über die hangseits liegende Hofeinfahrt befahren.

auch in alten Häusern, gezeigt werden. An die Küche schloß sich die Schlafkammer der Kinder an; sie wurde zum musealen Raum über die typische Schwarzwälder Glasgewinnung und Flößerei umgestaltet. Die Flößerei gehörte zu den ältesten Holzgewerben im Schwarzwald. Schwarzwälder Holz wurde so bis nach Holland für den dortigen Schiffsbau transportiert. Auch für die Glasmacherei war das Holz unentbehrlich. In mehreren Arbeitsgängen wurde es zu Pottasche umgewandelt, und die Schmelzöfen wurden mit Holzkohle erhitzt. Die Glasmacher waren gesuchte Spezialisten. Nach dem Zweiten Weltkrieg begannen in Wolfach nochmals Glasbläser alter Prägung ihr Geschäft, das bis heute fortdauert.

Zur Ausstattung der großen Stube mit ihrer gewölbten Decke gehören auch ein Geschirrschrank, eine Truhe, eine Lackschilduhr sowie eine Flötenuhr und zur Dekoration der Wände die Schwarzwälder Hinterglasbilder.

Dieser wunderschöne Bauernschrank mit seiner kunstvollen Bemalung war vermutlich der Hochzeitsschrank der Hofbauern.

Die Küche ist karg eingerichtet; dort befindet sich die jüngste Form eines Herdes, ein eiserner Küchenherd. Damit wird im Museum gezeigt, daß auch in alten Höfen die neue Zeit eingezogen ist.

Die Schäppelmacherin fertigt aus Hunderten von bunten Glasperlen diesen beeindruckenden Schwarzwälder Kopfschmuck.

Die Schlafkammer der Hofbauern mit der Wiege liegt im Kinzigtäler Haus nicht über der Stube, sondern neben ihr.

Die Flößerei gehörte zu den ältesten Holzgewerben im Schwarzwald. Im „Lorenzenhof" wird deutlich dargestellt, wie wichtig der Handel mit dem Holz, das bis nach Holland geflößt wurde, für die Schwarzwaldbauern war.

Der Wagner zeigt den Besuchern an den Handwerkertagen das Anfertigen eines Wagenrades. Dieser fast ausgestorbene Beruf wird hier im Museum gefördert.

Das Leibgedinghaus

vom Neubauernhof in Gutach (Schwarzwaldbahn), Ortenaukreis

Das Leibgedinghaus ist die Wohnung des Altbauernehepaares. In der Regel gab der Hofbauer im Alter von sechzig Jahren den Hof an seinen jüngsten Sohn ab. War der Bauer reich, konnte er sich sein eigenes Leibgedinghaus leisten.

Das Leibgedinghaus im Freilichtmuseum wurde 1652 in Gutach auf dem Neubauernhof errichtet und 1964 ins Museum umgesetzt. Hier steht es auch stellvertretend für die Häuser der Tagelöhner und Handwerker. Baulich ist dieses Leibgedinghaus eine Mischform zwischen dem Gutacher und dem Kinzigtäler Haus. Das Erdgeschoß enthält eine kleine Stube, eine Küche und eine Schlafkammer, alle durch den an der Breitseite des Hauses gelegenen Hausgang begehbar. Neben der Haustüre führt eine zweite Türe in den Stallteil.

Die Gestaltung der Stube entspricht der Kinzigtäler Bauweise. Die gewölbte Decke fällt besonders auf. Der Herrgottswinkel mit seinem reichhaltigen Schmuck weist auf einen katholisch geprägten Besitzer hin. Der Löffelriemen mit zwei Löffeln macht deutlich, daß hier nur zwei Leute lebten. Der mit vielen Schüsselkacheln ausgestattete „Tiroler Ofen" soll an die große Zahl von Tiroler Tagelöhnern erinnern, die als Bergleute und als Holzhauer in den Schwarzwald kamen. Weitere Ausstattungsstücke sind eine Truhe, eine Lackschilduhr, Militärerinnerungen, ein Vogelbauer, ein Haussegen, eine Petroleumlampe und eine Flinte. Eine Schußwaffe zu besitzen, gehörte zu den angestammten Rechten jedes freien Bauern. Neben der Stube liegt die Küche mit einem der frühesten transportablen Herden des vorigen Jahrhunderts. In der anschließenden Schlafkammer befinden sich eine gehimmelte Bettlade, ein Schrank, eine Wiege, Heiligendarstellungen, ein Kruzifix, ein Nachtstuhl, eine Lackschilduhr sowie ein Weihwasserkesselchen. Im Stallteil war gerade Platz für eine Kuh und eine Ziege. Das Dachgeschoß zeigt ein Nebeneinander von Firstsäulen und Stuhl.

Die Gestaltung des Stübles entspricht der Kinzigtäler Bauweise. Die schöne gewölbte Decke und der reichhaltige Schmuck im Herrgottswinkel fallen besonders auf.

Ein Gutacher Trachtenpaar am Eingang zum Leibgedinghaus.

Die Küche ist in ihrer ganzen Breite auch als Rauchfang ausgestaltet. Eine Besonderheit ist der transportable Eisenherd aus den sechziger Jahren des 19. Jahrhunderts.

Der Ofen mit den vielen Schüsselkacheln weist auf die große Zahl von Tiroler Taglöhnern hin, die sich im Schwarzwald als Bergleute und Holzhauer niedergelassen hatten.

Hammerschmiede und Ölmühle

Nachempfundener Neubau

Beide gewerblich betriebenen Gewerke gehören nicht zu den üblichen Nebengebäuden eines Bauernhofes.
Sie sind jedoch eng mit dem bäuerlichen Leben verbunden und runden zugleich das Bild der Wirtschaft im Schwarzwald ab. Die Hammerschmiede stellt das Bindeglied zum Industriezeitalter dar. Hammerschmiede und Ölmühle waren in Stein- oder Fachwerkhäusern untergebracht. Deshalb wurden sie im Museum in einem Neubau, der dem Fachwerkbau des 16. Jahrhunderts nachempfunden ist, zusammengestellt. Dieses Miteinander ist kein Stilbruch, sondern gibt den Zustand wieder, der am 25. Februar 1795 für Gutach bezeugt ist.
Der wichtigste Teil der Hammerschmiede ist der Schwanzhammer, der aus Ottenhöfen geholt wurde. Dieser besteht aus einem zweiarmigen Hebel, der in einem Lager wippt. Das eine Ende wird durch ein Nockenrad, das auf dem Wellbaum eines Wasserrades sitzt, angehoben und gesenkt. Am anderen Ende ist ein schwerer Hammer befestigt, der auf eine stählerne Unterlage schlägt. Mit diesem wurde das Kleineisenzeug hergestellt, das der Bauer täglich benötigte, also Äxte, Beile, Karste, Pickel, Hämmer, Schlösser und die Beschläge für Wagen. Das Eisen dazu wurde aus den nahegelegenen Hütten bezogen.
Die Ölmühle des Museums wurde 1974 von Bickelsberg bei Balingen hierher versetzt. Sie enthält einen wasserangetriebenen Quetschmechanismus, der in der Mitte des Raumes steht, einen kleinen Herd an der Wand mit einer darüberhängenden Trommel sowie links eine Baumpresse. Der Quetschmechanismus ist ein senkrecht in einer Rille laufendes Rad. Durch Wasserkraft angetrieben, zerquetscht er das Ölgut, das danach in der Baumpresse ausgepreßt wird. Der Herd dient der Gewinnung von Leinöl, das durch Wässern und Erhitzen des zerdrückten Leinsamens gewonnen wird.
Hinter dem Bau von Hammerschmiede und Ölmühle liegt ein kleiner Weiher, der Pflanzen und Tieren einen natürlichen Lebensraum bietet.

Angetrieben durch Wasserkraft, half die Hammerschmiede mit ihrer Mechanik beim Schmieden von Kleineisenzeugen und Handwerksgeräten.

Die Hammerschmiede und die Ölmühle sind hier im Museum nach dem Vorbild von Gutach in einem Gebäude vereint.

In der Ölmühle wurde aus Raps, Flachs, Bucheckern, Nüssen und Mohn Öl für die Beleuchtung und zur Nahrung gewonnen.

Kreisfreilichtmuseum Kürnbach

An der schmalen, reizvollen Landstraße von Bad Schussenried nach Bad Waldsee liegt in Kürnbach das große oberschwäbische Freilichtmuseum, das inzwischen selbst schon ein oberschwäbisches Dorf geworden ist. Ausgestattet mit 29 Gebäuden aus sechs Jahrhunderten, die am ursprünglichen Ort nicht mehr erhalten werden konnten, belegt es die Entwicklung der Bauernhäuser Oberschwabens seit dem Ausgang des Mittelalters. Die Wohn- und Wirtschaftsräume geben, zusammen mit vielen alten Werkstätten und zahlreichen Ausstellungen, einen tiefen Eindruck vom Leben und Arbeiten der Menschen, die hier einmal ihre Heimat hatten.
Das heutige Museum verdankt sein Entstehen dem Umstand, daß in Kürnbach ein strohdachgedecktes oberschwäbisches Bauernhaus bis in die fünfziger Jahre erhalten geblieben war. Erhalten jedoch keineswegs im denkmalpflegerischen Sinn; das Haus war einfach übriggeblieben, veraltet, nicht mehr genutzt und vom Zahn der Zeit stark angenagt. Der Gedanke an einen „warmen Abbruch" im Zusammenhang mit einer Feuerwehrprobe lag bereits in der Luft, als es dem Landkreis Biberach und der Stadt Bad Schussenried mit Hilfe des Landesdenkmalamtes gelang, dieses letzte Kürnbacher Strohdachhaus zu erhalten und als Museum einzurichten. Um diese „Keimzelle" herum wurden seit 1969 drei weitere denkmalgeschützte altoberschwäbische Bauernhäuser, die am alten Standort in Verfall geraten waren, wiederaufgebaut. Ein reichhaltiges Veranstaltungsprogramm erweckt diese Zeugen alter Geschichte wieder zum Leben.

Das Haus Wolfer gehört zu der kleinen Zahl ländlicher Bauten, die noch in das ausgehende Mittelalter zurückreichen. Es ist nunmehr das älteste Haus des Kreisfreilichtmuseums Kürnbach.

Haus Laternser

aus Meßhausen, Gemeinde Fronreute, Landkreis Ravensburg

Das Haus Laternser war ursprünglich ein einstöckiges, quergeteiltes Einhaus in Holzkonstruktion ohne Kamin – ein stolzes Beispiel der Gruppe altoberschwäbischer Bauernhäuser. Zu ihm gehörten 1824 ein Speicher mit Wagenschopf und ein Backhaus. Das Strohdach mit seiner Firstsäulenkonstruktion blieb nur deshalb erhalten, weil das ganze Gebäude in einem schlechten Zustand war und ein Plattendach nicht tragen konnte. Beim Umbau des Gebäudes im Jahre 1890 ließ Benedikt Laternser die Bohlenständerwand im Wohnteil durch eine Ziegelmauer ersetzen, im Dach zwei Kammern einbauen und den First bis unter den schon früher aufgesetzten Kamin mit Dachplatten verkleiden. In diesem Bauzustand wird das 23,85 m lange und 10,5 m tiefe Haus heute in Kürnbach gezeigt.
Das Haus Laternser, erbaut 1678, war ehemals Wohn- und Wirtschaftsgebäude des von der Benediktiner-Reichsabtei Weingarten jeweils auf Lebzeiten verliehenen Sankt-Gebhard-Hofes. Den heutigen Namen gab ihm der 1811 in Vaduz geborene Christian Laternser, der als Hütebub nach Meßhausen gekommen war und 1847 die Hoferbin heiratete; seinen Nachkommen gehörte das Gebäude bis zum Abbruch im Jahre 1966. 1981 wurden die Reste des bis dahin eingelagerten Gebäudes nach Kürnbach überführt und in den Jahren 1982 bis 1984 wiederaufgebaut.
Grundlage für die Einrichtung des Hofes war – neben eingehender Befragung früherer Bewohner – ein Stellplan, den Hermann Kolesch im Jahre 1940 fertigte.
In der Kammer hinter der Stube schliefen die weiblichen Familienangehörigen, in den Kammern im Obergeschoß die Eltern und die männlichen Mitglieder der Familie. Im Stallteil sind der Viehstall mit den Futterluken zur Tenne hin und der Schweinestall zu besichtigen.

Das Haus Laternser ist heute ein stolzes Beispiel altoberschwäbischer Bauernhäuser. Die Erhaltung des Strohdaches verdankt es seinem schlechten baulichen Zustand, der ein Plattendach nicht zuließ.

Der Speicher, der zu einem großen Bauernhof in Spiegler gehörte, ist einer der wenigen erhalten gebliebenen Speicherbauten aus dem 18. Jahrhundert. Das in Blockbauweise errichtete, fensterlose Erdgeschoß, ein Quadrat von 5,5 m Seitenlänge, diente als Kornspeicher, das Dachgeschoß mit seinem liegenden Dachstuhl als Vorratskammer. Der Speicher wurde 1725 erbaut; er war als Vorratskammer des Hofes immer ein wesentliches Nebengebäude und zeugte, äußerlich sichtbar, vom Wohlstand der Bauersleute. Im Museum steht das 1976 nach Kürnbach übertragene Gebäude anstelle des längst abgebrochenen Speichers des Laternserhauses.

In der Kammer hinter der Stube schliefen die weiblichen Familienangehörigen, in den Kammern im Obergeschoß die Eltern und die männlichen Mitglieder der Familie.

An den Handwerkertagen zeigen die Mettenberger Flachsbäuerinnen vor dem Laternserhof, wie der Flachs gebrochen und versponnen wird; das geht so flink von der Hand, daß nebenbei immer noch Zeit bleibt für heiteres Tratschen und Ratschen.

Einer der Buben mußte sogar im Flur schlafen!

Hof Hueb

aus Zollenreute, Stadt Aulendorf, Landkreis Ravensburg

Das zweistöckige, kaminlose, fünffach quergeteilte Einhaus mit der Gefachfolge Wohnteil – Flurküche – Tenne – Stall – Schopf verkörpert den klassischen Typ des altoberschwäbischen Bauernhauses: das Küchenflurhaus mit von Firstsäulen getragenem Dach. Die Firstsäulen, wie sie in dieser Form und Größe heute in Oberschwaben sonst nirgendwo mehr zu sehen sind, messen fast zwölf Meter. In seiner heutigen Gestalt ist das Gebäude eine Rekonstruktion des Urzustandes auf der Grundlage sorgfältiger Untersuchungen. Rekonstruiert sind ebenso der Herd und der Stubenofen mit seinen grün glasierten Napfkacheln. Mit einer Grundfläche von 23,65 x 13,10 m ist der Hof Hueb eines der größten noch erhaltenen altoberschwäbischen Bauernhäuser.
Im Museum dient der Hof Hueb als Ausstellungs- und Handwerkergebäude. Im Erdgeschoß steht der Handkulierwirkstuhl von 1765, einer der ältesten Strumpfwirkstühle seiner Art in Süddeutschland; im ersten Stock sind eine Sackkammer, eine Geschirrkammer und die Dauerausstellung „Vom Flachs zum Leinen" zu sehen, und auf dem Heuboden haben eine Seilerwerkstatt und eine Ausstellung alter Handwagen Platz gefunden. Außerdem sind Modelle der Hueb und des Hallerschen Hofes in Winterstettenstadt aufgestellt. Der Garten spiegelt einen Typ des Bauerngartens wider, wie er im 18. Jahrhundert bei reichen Bauern üblich war. Mitten in der schlimmsten Zeit des Dreißigjährigen Krieges wurde der Hof Hueb 1633 – wohl nach einem Brand – neu erbaut. Wie der Laternserhof war auch dieser Einzelhof ein von der Benediktiner-Reichsabtei Weingarten jeweils auf Lebenszeit verliehenes Gut. Der älteste mit Namen bekannte Bauer ist Matheis Dauner, der im Grundbuch von 1531 genannt wird. 1884 erheiratete Franz Xaver Birkenmayer den Hof. Im Besitz seiner Familie blieb der Hof Hueb bis zur Überführung ins Museum nach Kürnbach.

Bauerngärten, angelegt in Stil alter Klostergärten, waren seit jeher die Domäne der Bäuerin – hier fand sich Nützliches und Schmückendes, das draußen auf dem Feld keinen Platz hatte: Gemüse, Gewürz- und Heilpflanzen sowie Blumen aller Art.

Der Galgenvogel, bestehend aus einer mit Hühnerfedern bestückten Kartoffel, macht hier erfolgreich den Vogelschreck.

Der Hof Hueb aus dem Jahre 1633 verkörpert den klassischen Typ des altoberschwäbischen Bauernhauses und ist zugleich eines der größten noch erhaltenen „altoberschwäbischen" Bauernhäuser.

Riemenschneider
80/10
TIVOLI WERKE AG

Im Museum dient der Hof Hueb als Ausstellungs- und Handwerkergebäude.

Vergangene, fast vergessene Handwerkskunst wird hier vorgeführt. Der Riemenschneider, die Töpferin, die Weißnäherin zeigen ihre Kunst, und wer möchte, kann das eine oder andere schöne Stück erwerben.

Der gemauerte Herd in Küche und Flur wurde nach alten Vorlagen rekonstruiert.

Voggenhaus

aus Awengen, Gemeinde Eberhardzell, Landkreis Biberach

Das Voggenhaus gehörte den Truchsessen von Waldburg und wurde jeweils auf Lebenszeit verliehen. Zu dem Einzelhaus kamen erst 1599 ein Garten und später einige Grundstücke hinzu.
Der Name Voggenhaus leitet sich wohl ab von Focken = Abwerg, dem beim Hecheln des Flachses entstehenden Abfall. Wer hier wohnte, mußte sich seinen Lebensunterhalt als Handwerker verdienen; der erste, Hans Mohr, war Schreiner und Fischer.
Neben der Schreinerei, die er im Voggenhaus betrieb, wurde ihm ein großes Fischwasser auf Lebenszeit überlassen. Dafür mußte er jährlich 10 Pfund Heller Zinsen und einen einmaligen Ehrschatz von 20 Gulden entrichten. Außerdem mußte Hans Mohr auf Verlangen alle Fische, die er mit Netzen fing, seinem Herrn oder dessen Amtsleuten überlassen. Nur was die Herrschaft an Fischen nicht abnahm, durfte er an „andere Orte“ zu seinem Nutzen verkaufen. 1873 erwarb der Weber Josef Anton Maier das Wohnhaus samt Schuppen und rund zehn Morgen Grund um 2400 Gulden von seinem Vater.
Das im Laufe der Zeit mehrfach veränderte Haus – der heutige Bau stammt aus dem Jahre 1687 – war noch bis Anfang der sechziger Jahre bewohnt. Nachdem im Winter 1967/68 die Dachkonstruktion zusammengebrochen war, kam es im Februar 1968 zum Abbruch des Gebäudes. Beim Wiederaufbau des Voggenhauses im Museum im Jahr 1977 versuchte man, den ursprünglichen Zustand wiederherzustellen: ein kaminloses, quergeteiltes Einhaus mit der Gefachfolge Wohnen – Tenne – Stall.
Dieses kleine Wohnstallhaus nimmt in der Entwicklungsgeschichte des südwestdeutschen Bauernhauses einen besonderen Rang ein. Bemerkenswert ist der Scherendachstuhl, der im Gegensatz zum Firstsäulenstuhl des Hofes Hueb den Dachraum völlig frei läßt und verschieden breite Gefache ermöglicht.
Im Museum steht das Voggenhaus für die sogenannten Selden, Kleinbauern, die vom Ertrag des Gutes allein nicht leben konnten, sondern auf einen Nebenerwerb als Handwerker oder Taglöhner angewiesen waren. Eingerichtet ist das Gebäude mit Möbeln, die aus einem 1968 abgebrochenen Strohdachhaus in Ampfelbronn bei Eberhardzell stammen.

Über dem Herd wölbt sich der hochgezogene Rauchfang, dem gegenüber eine schmale Stiege die beiden Schlafkammern des Obergeschosses erschließt. Von der Küche führt eine Tür zur Stube; hier steht der große, von der Küche aus beheizte Kachelofen mit der Ofenbank.

Da beim Abbruch des Voggenhauses keinerlei Inventar mehr aufzufinden war, wurde das Bauernhaus mit Möbeln aus einem 1968 in Apfelbronn abgebrochenen Strohdachhaus ausgestattet.

Kürnbachhaus

in Kürnbach, Stadt Bad Schussenried, Landkreis Biberach

Als einziges Gebäude des Museums steht das Kürnbachhaus noch an seinem ursprünglichen Platz. Erbaut 1664 von dem Kürnbacher Klostertagelöhner Baltus Lipp, war das Sankt-Ermentrudis-Klostergütle ein jeweils auf Lebenszeit verliehenes Gut der Prämonstratenser-Reichabtei Schussenried und wie das Voggenhaus und das Haus Christ eine Selde. 1729 betrug die Wirtschaftsfläche rund 5,5 ha, bei der Übergabe des Gutes durch den Weber Valentin Wiedmann an seine Tochter Juliana im Jahre 1832 immerhin 7,5 ha. Im Stall standen damals zwei Ochsen, drei Kühe und zwei Kälber; genannt werden weiterhin zwei Enten, sechs Hennen und ein Schwein, das in einem vor dem Haus stehenden Schweinestall untergebracht war.

Nach dem Tod der letzten Bewohner, der Geschwister Johann und Lisbeth Mohr, kam das Haus 1918 an einen Kürnbacher Bauern, der es als Scheuer nutzte. Als 1957 der Abbruch bevorstand, gelang in letzter Minute die Rettung. Nach durchgreifender Erneuerung wurde das Kürnbachhaus als das einzige an Ort und Stelle erhaltene altoberschwäbische Bauernhaus am 1. Juni 1968 als Bauernhausmuseum der Öffentlichkeit übergeben. Das Kürnbachhaus, ein ehemals strohgedeckter Ständerbau, ist ein vierfach unterteiltes Küchenflurhaus mit der Gefachfolge Wohnen – Küchenflur – Tenne – Stall und einem angehängten Schopf. Das Erdgeschoß zeigt den alten Wandaufbau aus behauenen Bohlen, während im Obergeschoß verputztes Fachwerk die Wandfelder schließt. Die Zimmererarbeit des Fachwerks mit schrägen Streben und waagerechten Riegeln ist rein konstruktiv; die dem Dorf zugewandte Traufseite wird durch geschweifte Büge hervorgehoben. Grundlage der Einrichtung ist ein Inventar von 1832. Die Stube war damals nur sehr spärlich eingerichtet; in der Kammer hinter der Stube standen die beiden Webstühle. Im Obergeschoß wurde die vordere Kammer mit Möbeln aus dem beginnenden 19. Jahrhundert als Pfründstube des Valentin Wiedmann eingerichtet. In den Räumen neben den Schlafkammern sind alte Kleidung und Trachten sowie Flachsbearbeitungsgeräte ausgestellt.

Die Zimmerarbeit des Fachwerks mit seinen schrägen Streben und waagerechten Riegeln ist rein konstruktiv aufgebaut. In die dem Dorf zugewandte Traufseite sind zusätzlich geschweifte Büge eingezogen; sie beleben nicht nur die Fassade, sondern schützen altem Volksglauben nach auch gegen Feuergefahr.

Im Obergeschoß ist die Pfründstube des Valentin Wiedmann mit einem wunderschönen Himmelbett und einem 1809 datierten, aufwendig bemalten Bauernschrank ausgestattet. Welch ein Unterschied zu den sonst gezeigten Schlafkammern!

Die Kammer hinter der Stube ist im Museum als Webkammer eingerichtet. Die ursprüngliche Webkammer war etwa einen Meter in den Boden hineinvertieft. Die auch „Dunken" genannten Webkeller boten die zum Verarbeiten des Flachses zu Leinwand nötige Feuchtigkeit. Doch die anstrengende Arbeit in der dunklen, feuchten Werkstatt brachte viele Krankheiten mit sich, wie Rheumatismus und Tuberkulose.

An den Handwerkertagen zeigt eine Buchbinderin im Kürnbachhaus ihr handwerkliches Können.

Zehntscheuer

aus Fischbach, Gemeinde Ummendorf, Landkreis Biberach

Kurz nach dem Erwerb der Ortsherrschaft in Fischbach durch das Kloster Ochsenhausen wurde im Jahre 1750 die Zehntscheuer in der Nähe der dortigen Mühle neu gebaut. Wie der Name besagt, wurde in dieser Scheuer einst der sogenannte Zehnte eingefahren. Die Einnahmen aus dem Zehnten dienten unter anderem zur Entlohnung des Pfarrers und zur baulichen Erhaltung der Kirche. Den Einzug des Zehnten besorgten in Fischbach zwei Zehntknechte. Jeweils bei der Ernte wurden die Halmfrüchte in Garben gebunden, jede zehnte Garbe von den Zehntknechten eingesammelt und auf die mitgeführten Wagen geladen. Erst dann durfte der Bauer seine Garben heimfahren. War der Speicher als Vorratskammer des Hofes die private Sparbüchse, so ist die Zehntscheuer als Sammelstelle für die Abgaben an die Obrigkeit eher mit der Kasse des Finanzamtes zu vergleichen. Nach der Zehntablösung im Jahre 1849 veräußerte das Königreich Württemberg als nunmehriger Zehntherr die Zehntscheuer an Private. Als erstes Gebäude wurde sie 1974 nach Kürnbach übertragen. Die fensterlose Zehntscheuer enthält im dreigeteilten Grundriß, mit einer Grundfläche von 11,40 x 13,60 m, auf beiden Seiten der Tenne, in der das Getreide gedroschen wurde, ein Gefach zum Lagern der Garben und der Kornsäcke. Zwischen dem verzapften Grundschwellen- und Dachrahmen bilden schräge Streben und waagrechte Riegel ein aussteifendes Fachwerk, dessen Felder ausgemauert und verputzt sind. Die Dachkonstruktion, ein Kehlbalkendach mit liegendem Stuhl, ist abgewalmt und mit Biberschwanzziegeln gedeckt. Im Museum dient die Zehntscheuer als Ausstellungsraum für Wagen und Schlitten; ebenso ist in ihr seit 1986 die 1912 von Assmann und Stockder in Stuttgart-Bad Cannstatt erbaute 25-PS-Dampfmaschine untergebracht. Als Gebäude vertritt sie die Bauten der Dorfherrschaft.

An den Handwerkertagen wird die 1912 in Stuttgart-Bad Cannstatt erbaute Dampfmaschine aus der Zehntscheuer herausgefahren. Auf dem Dreschplatz wird der Ofen unter dem Dampfkessel mit großen Holzscheiten bestückt und angeheizt. Das Schwungrad der Dampfmaschine wird mit breiten, festen Lederriemen mit dem Antriebsrad der Dreschmaschine verbunden; und schon stehen die Helfer bereit, die Ährenbündel mit der Heugabel vom Heuwagen auf die Dreschmaschine zu werfen. Unter Geratter und Getöse der alten Maschinen wird dann das Korn gedroschen.

Backhaus

aus Mittelbiberach, Landkreis Biberach

Das 1886 entstandene Backhaus gehörte zu einem Hof in Mittelbiberach. Vom Wohnhaus war es durch eine Straße getrennt – ein Umstand, der früher kaum, im Zeitalter der Motorisierung jedoch immer mehr störte. So kam es zum Abriß und Wiederaufbau im Museum im Jahre 1983. War der Backofen ursprünglich im Haus untergebracht – die Rekonstruktion im Hof Hueb für die Zeit um 1500 zeigt ihn mit dem Herd- und Stubenofen verbunden – oder wie im „Unteren Bauhof" an das Wohngebäude angebaut, so ging man vor allem seit dem 19. Jahrhundert dazu über, zur Minderung der Feuergefahr freistehende Backöfen zu errichten. Diese Backhäuser, die wegen des in Oberschwaben vorherrschenden Westwindes meist östlich des Hofes standen, dienten zugleich auch als Waschhaus und gegebenenfalls als Brennhaus für das Schnapsbrennen. Im Museum steht das Backhaus mit dem Speicher und dem Schopf des Bendelshofes für die zu größeren Höfen gehörenden Nebengebäude.

Schmiede Miehle

aus Oggelshausen, Landkreis Biberach

Andreas Miehle, Schmied in Oggelshausen am Federsee, baute 1886 das Stüble, ein einfaches Fachwerkgebäude neben seinem Wohnhaus an der Straße von Biberach nach Buchau, zu einer Schmiedewerkstatt um; dazu mußte er die Werkstatt um 90 cm erhöhen. Die Schmiede, die bis etwa 1965 in Betrieb war, wurde 1982 in Kürnbach wiederaufgebaut. Die Inneneinrichtung, die aus einer Schmiede in Oberlenningen stammt, ergänzen einzelne Gegenstände anderer Herkunft; bemerkenswert ist der Krafthammer. Im Museum repräsentiert die Schmiede beispielhaft die Werkstattgebäude der Dorfhandwerker.

Haus Hepp-Ailinger

aus Michelwinnaden, Stadt Bad Waldsee, Landkreis Ravensburg

Hans Martin Ailinger, dem die beiden Schussenrieder Lehnshöfe St. Dorothea und St. Olivia mit insgesamt 20 Hektar Grundbesitz gehörten, baute 1788 ein neues Wohn- und Wirtschaftsgebäude. Da er von Beruf Schneider war, erhielt der Hof den Namen „Schneiderbauer". Über die Enkelin Marianne kam das Anwesen 1844 an die Familie Hepp. 1978 wurde das Haus nach Kürnbach ins Museum übertragen.

Das Haus Hepp-Ailinger, dessen Grundfläche 16,50 x 10,50 m die Wohlhabenheit seines Erbauers dokumentiert, zeigt bereits eine moderne Bauweise, denn ein sogenannter liegender Dachstuhl läßt den Innenraum frei von tragenden Stützen und erlaubt eine von der Dachkonstruktion unabhängige Raumaufteilung. Das an den Wohnbereich anschließende Gefach des Flurs enthält nicht nur die Küche, sondern auch die zu den drei Schlafräumen des Obergeschosses führende Treppe. Möglich wurde diese Doppelfunktion des Flurgefachs nur, weil das Haus schon von Anfang an einen gemauerten Schornstein besaß. Neben der durchgehenden Tenne befand sich ursprünglich der Stall mit dem darüberliegenden Bergeraum für Heu und Getreide. Weil dieses Gefach später umgebaut wurde, stellt der jetzige Zustand die Rekonstruktion der wahrscheinlich frühesten Nutzungsform dar.

Da das Haus Hepp-Ailinger in den letzten hundert Jahren als Scheune diente, war eine Rekonstruktion der früheren Möblierung nicht möglich. Es wurde deshalb als Handwerker- und Ausstellungsgebäude eingerichtet. Im Erdgeschoß des Wohnbereiches sind die Schneiderwerkstatt Kofler aus Andelfingen und die Bürstenmacherwerkstatt Sitzmann aus Bad Schussenried zu sehen; im Obergeschoß die Korbmacherwerkstatt Deiringer und die Schindelmacherwerkstatt Grieser, beide aus Ochsenhausen, sowie die Werkstatt des Bauern Franz Buck aus Hopferbach bei Bad Schussenried, der nicht nur alle seine Werkzeuge und Geräte selbst herstellte, sondern auch das Perpetuum mobile erfinden wollte. Die Tenne dient als Ausstellungsraum. Im Erdgeschoß des ehemaligen Stallgefaches hat die Wagnerwerkstatt Dirlewanger aus Mochenwangen Platz gefunden, darüber die Küferwerkstatt Fischer aus Schwendi.

Wenn man im Erdgeschoß die Schneiderwerkstatt Kofler aus Andelfingen betritt, fühlt man sich um 100 Jahre zurückversetzt. Alles wird so lebendig vermittelt, daß man vermutet, daß der Schneidermeister nur einen Moment die Werkstatt verlassen hat, um einen Krug Most zu holen.

Da das Haus Hepp-Ailinger in den letzten hundert Jahren als Scheune diente und sich keine der früheren Einrichtungsgegenstände erhalten haben, wurde das Bauernhaus als Handwerker- und Ausstellungsgebäude eingerichtet.

Im ehemaligen Stall hat jetzt die Wagnerwerkstatt Dirlewanger aus Mochenwangen Platz gefunden (Bild unten links), im Obergeschoß des ehemaligen Wohnbereichs die Korbmacherwerkstatt Deiringer aus Ochsenhausen.

Eligius-Kapelle

aus Oberessendorf, Gemeinde Eberhardzell, Landkreis Biberach

Wohl noch im 17. Jahrhundert – die Eligiusfigur im Giebel der Kapelle ist 1660 datiert – wurde die Kapelle zu Ehren des heiligen Eligius, Schutzpatron der Schmiede und der Pferde, an der Reichsstraße von Ulm an den Bodensee erbaut. Der Überlieferung nach war der Anlaß eine Pferdeseuche. 1957 mußte die Kapelle dem Ausbau der Bundesstraße 30 weichen; 1983 wurde sie in Kürnbach nach alten Plänen und Fotografien rekonstruiert. Die sichergestellte Inneneinrichtung, die zunächst eine Leihgabe des Württembergischen Landesmuseums Stuttgart war, konnte der Landkreis Biberach erwerben. Am 1. Dezember 1984, dem Fest des heiligen Eligius, wurde die Kapelle geweiht. Die originale Innenausstattung, zu welcher der Altar, die fünf Figuren Madonna mit dem Strahlenkranz, Wendelin, Muttergottes auf der Mondsichel, Josef und Immaculata sowie das Chorgitter gehören, ist weitgehend erhalten. Der Altar zeigt ein Bild des Eligiuswunders mit Gottvater und Engeln: Einem unruhigen Pferd, das beschlagen werden sollte, nahm Bischof Eligius das Bein ab, nagelte das Hufeisen an und setzte dem Tier das Bein wieder an. Die Kirchenbänke stammen aus der Kapelle in Westerflach. Rekonstruiert wurde die Einrichtung nach Angaben der letzten noch lebenden Frauen, die jeweils am ersten Sonntag des Monats im „Käppele" den Rosenkranz beteten.

Die Grabkreuze neben der Kapelle sind Zeugen alter dörflicher Schmiedekunst und erinnern zugleich an die alte Verbindung von Pfarrkirche und Friedhof. Im Museum steht die Oberessendorfer Eligius-Kapelle als Beispiel für die Kapellen und Bildstöcke, die vor allem in der Zeit des Barock in Oberschwaben erbaut wurden und typisch für die Landschaft sind.

Die schmiedeeisernen, zum Teil sehr aufwendig bemalten Grabkreuze haben an der Eligius-Kapelle nie gestanden. Im Kreisfreilichtmuseum erinnern sie heute an die schöne, alte Schmiedekunst und verknüpfen so die dem Patron der Schmiede geweihten Kapelle mit der Dorfschmiede gegenüber.

Die originale Innenausstattung der Kapelle ist weitgehend erhalten. Der Altar mit der Bilddarstellung der Legende, Gottvater und Engeln sowie die fünf Figuren Madonna mit dem Strahlenkranz, Wendelin, Muttergottes auf der Mondsichel, Josef und Immaculata sind beeindruckende Zeugnisse der Volkskunst des 18. und 19. Jahrhunderts.

Haus Wolfer

aus Friedingen, Gemeinde Langenenslingen, Landkreis Biberach

Das Haus Wolfer gehört zu der kleinen Zahl ländlicher Bauten im süddeutschen Raum, die noch in das ausgehende Mittelalter zurückreichen. Nach dem Friedinger Dorfbrand vom Gründonnerstag 1499 wurde es als Wohngebäude eines 30 Hektar großen Hofes erbaut. 1624 erweiterte man das Haus um einen rückwärtigen Anbau. Die Zisterzienserinnen-Abtei Heiligkreuztal verlieh den Hof zunächst als vererbbares Lehen, seit 1662 aber nurmehr auf Lebenszeit. 1673 kam es zur Aufteilung des Hofes zwischen zwei Friedinger Bauern, die daneben noch andere Güter bewirtschafteten. Bei der Verleihung des hinteren Hausteiles an Anselm Binger im Jahre 1734 und des vorderen Hausteiles an Lukas Wolfer im Jahre 1749 verblieb der größte Teil des Grund und Bodens den bisherigen Besitzern; Binger und Wolfer erhielten nur zwei Hektar Land. 1772 wurde die Bingersche Hälfte noch einmal geteilt; so bewohnten nun eine Zeitlang drei Familien das Haus. Von der Familie Baur erwarb Bernhard Wolfer die Scheuer und 1918 die hintere Haushälfte. 1988 wurde das Haus in Ganzteilen nach Kürnbach ins Museum umgesetzt. Das zweigeschossige Gebäude wurde als sogenannter Ständerbau mit vorkragenden Dachgiebeln und strohgedecktem Krüppelwalmdach erstellt; die Bundständer und Streben des Fachwerks reichen über die gesamte Gebäudefläche. Die Küche befand sich ursprünglich an der Stelle der heutigen Tenne. Die Grundfläche dieses dreizonigen und zweischiffigen Gebäudes mit traufseitiger Erschließung betrug 11,5 x 9 m; durch den Anbau wurde es 1624 auf 16 Meter verlängert. Damals erhielt das Haus anstelle des straßenseitigen Krüppelwalmes auch das heutige Giebeldreieck aus vollständig verzapften Hölzern. Zu seiner Hochzeit im Jahre 1936 renovierte der Schuhmacher Michael Wolfer das Haus und beschaffte neue Möbel. Wohnzimmer, Küche und Schlafzimmer sind mit den von Wolfer damals angeschafften Möbeln eingerichtet. Rechts des Eingangs findet sich die Schuhmacherwerkstatt, in der Wolfer bis zur Versetzung des Hauses in das Museum arbeitete.

Das Haus Wolfer ist das älteste Gebäude des Museums. Es zeigt, wie sich das Wohnhaus eines großen Bauernhofes zu einem Haus wenig begüterter Handwerker wandeln konnte.

Die Einrichtung des Hauses sowie die dazugehörige Schuhmacherwerkstatt ist mit den originalen Möbeln aus dem Jahre 1936 dargestellt.

Vor der Tenne zeigen der Besenbinder und der Dengler ihr Können.

Unterer Bauhof

aus Betzenweiler, Landkreis Biberach

Der „Untere Bauhof" und seine Scheuer wurden 1667 als Teil eines 100 Hektar großen Bau- und Sennhofes erbaut, den das Fürstliche Damenstift Buchau zur Eigenversorgung errichtete und durch einen Verwalter bewirtschaften ließ. Der stattliche Dreiseit-Hof bestand aus einem zweigeschossigen Verwalter-Wohnhaus, einer 58 Meter langen Scheuer und einem eingeschossigen Sennhaus, das der Vieh- und Milchwirtschaft diente. 1707 überließ das Stift dem Bauern Christoph Reiter und seinem Sohn Joseph den Betzenweiler Bau- und Sennhof im Tausch gegen deren Lehensgut je zur Hälfte. Drei Jahre nach seiner Hochzeit im Jahre 1709 ließ Joseph Reiter das Sennhaus durch Aufstocken eines Geschosses zum Bauernhaus umbauen. Nach der Teilung des Hofes zwischen Joseph Reiter und seinem Bruder Anton im Jahre 1715 unterschied man einen „Oberen Bauhof", das frühere Verwalterhaus, und einen „Unteren Bauhof", das 1712 aufgestockte ehemalige Sennhaus. An Grund und Boden gehörten damals drei Gärten, zwei Krautländer, 32,1 Hektar Ackerland und 10,3 Hektar Wiesen zum Hof. Nachdem der „Untere Bauhof" zwischen 1850 und 1892 fünfmal den Eigentümer gewechselt hatte, erwarb ihn 1894 Josef Gnann, dem seit 1889 bereits der „Obere Bauhof" gehörte. Der „Untere Bauhof" diente nun als Werkstatt, Abstell- und Lagerraum. 1990/91 wurden der „Untere Bauhof", die Scheuer und das zugehörige „Stüble" in Ganzteilen nach Kürnbach umgesetzt. Das Wohnhaus zeigt im Museum den Zustand von 1894 mit den Befunden früherer Zeit in Stube und Küche. Da von der alten Einrichtung nur der Einbauschrank in der Stube erhalten ist, wurde auf eine Rekonstruktion der Möblierung verzichtet und das Haus museal eingerichtet.

Im Erdgeschoß der Scheune befindet sich das Obstbaumuseum der Kreisberatungsstelle für Garten- und Obstbau. Die restlichen Räume dienen als Magazin und Werkstatt. Beim Bauerngarten steht eine Rekonstruktion des im Grundbuch belegten Brunnens, eines „Galtbrunnens".

Der „Untere Bauhof" wurde 1990 bis 1991 mit der Scheuer und dem dazugehörenden Stüble in Ganzteilen nach Kürnbach umgesetzt. Er dient als Beispiel für die großen Bauernhöfe in Oberschwaben und gleichzeitig für die Ökonomiegebäude der oberschwäbischen Klöster, die fester Bestandteil der Klosteranlagen waren.
Der mächtige Galtbrunnen ist eine Rekonstruktion des im Grundbuch von Betzenweiler belegten Brunnens.

Der Garten beim „Unteren Bauhof" zeigt als Gegenstück zum Bauerngarten der „Hueb" einen Bauerngarten der Gegenwart, wie er in Betzenweiler vorgefunden wurde.

Auf dem Platz vor der Scheune werden an den Handwerkertagen alte Traktoren gezeigt, wie dieser alte Lanztraktor, der mit seinen breiten Stahlrädern besonders geeignet war, auf weichem Moorboden zu fahren.

Bendelshof

aus Aulendorf, Landkreis Ravensburg

Johann Georg Weißhaar erbaute im Jahre 1756 das Wohn- und Wirtschaftsgebäude des Bendelshofes, des damaligen Sankt-Wendelin-Gutes, neu. Für das Jahr 1727 ist belegt, daß zu diesem Lehensgut der Grafen von Königsegg-Aulendorf 22,3 Hektar Grund und Boden gehörten. Die Geschwister Franziska, Marianne und Xaver Weißhaar setzten 1892 ihren damals elfjährigen Neffen zum Alleinerben nach ihrem Tod ein. 27jährig erbaute dieser 1908 das Nebengebäude als Wagenschopf, Schweinestall und Torfremise. 1911 erstellte er an der Hauptstraße ein neues Wohnhaus, da seine Braut nicht in den Bendelshof einziehen wollte. Nachdem Xaver Weißhaar im Jahre 1920 zu seinem Neffen in das Wohnhaus gezogen war, fand der nun leerstehende Wohnteil des Bendelshofes eine neue Verwendung als Werkstatt, Abstellraum, Kornspeicher, Milchküche und Garage. Die bewegliche Einrichtung wurde verkauft. Der Stall dagegen wurde bis zur Aufgabe des Hofes 1971 genutzt. 1988/89 setzte der Landkreis den Bendelshof und sein Nebengebäude in Ganzteilen in das Kreisfreilichtmuseum nach Kürnbach um.

Wie das Haus Hepp-Ailinger, so vereinigt auch das zweigeschossige Wohn- und Wirtschaftsgebäude des Bendelshofes den Fortschritt des Treppenflurhauses mit der Tradition des Küchenflurhauses und steht so für den Übergang vom altoberschwäbischen Bauernhaus zu den neuzeitlichen Bauernhausformen.

Bewußt wurde im Museum der im Jahre 1988 vorgefundene Zustand bewahrt. Während Stall und Tenne noch gut erhalten sind, zeigt der seit 1920 leerstehende Wohnteil deutliche Spuren des Verfalls. Hinter der Stube, die als Werkstatt diente, befindet sich wie früher die Garage für einen Traktor. Über der Wohnstube lassen ein Modell des Hofes und zwei früher zum Bendelshof gehörende Bauernschränke etwas von der einstigen Wohlhabenheit verspüren. Auf dem ehemaligen Heuboden ist die Ausstellung „Hilfen für Haus und Hof – Die Elektrifizierung Oberschwabens“ mit alten Elektrogeräten zu sehen.

Der Bendelshof steht im Museum als ein Beispiel für den Verfall eines nicht mehr genutzten landwirtschaftlichen Gebäudes.

Bewußt wurde bei der Übernahme des Bendelshofes in das Kreisfreilichtmuseum der im Jahr 1988 vorgefundene, schlechte Zustand bewahrt; zeigt er doch deutlich den Verfall eines nicht mehr genutzten Bauernhofes.

Von der Wohlhabenheit des Hofes zeugen die aus dem Bendelshof stammenden Schränke; der 1789 datierte Schrank wurde zur Hochzeit des Johann Weißhaar angeschafft.

„Rathhaus"

aus Andelfingen, Gemeinde Langenenslingen, Landkreis Biberach

Im Jahre 1832 baute die Gemeinde Andelfingen in eine 1811 erstellte Scheuer ihr Rat- und Schulhaus ein. Im Erdgeschoß fanden der Ortsarrest und ein Holzstall Platz, im Obergeschoß gab es ein „Rat- und Communzimmer" für die Gemeinde, einen Schulsaal für die Unterklasse der Schule und ein Zimmer für den Unterlehrer. Die Remise diente zur Aufbewahrung der Feuerlöschgeräte. Nach dem Umzug der Unterklasse 1880 in ein neu erbautes Schulhaus diente das Gebäude dann zur Gänze als Rathaus. Der Schulsaal fand als Ratssaal, das Unterlehrerzimmer als Ortsarrest und Registratur Verwendung. Das Erdbeben vom 27. Juni 1935 beschädigte das Rathaus schwer. Nach dem Auszug der Gemeindeverwaltung 1971 nutzte ein Anlieger das Gebäude als Getreidelager. 1989 wurde das Haus in Ganzteilen nach Kürnbach umgesetzt.

Nach dem Stand von 1960 richtete man es großteils mit den originalen Möbeln ein. Ein besonderes Zimmer für den Bürgermeister gab es nicht, er erledigte seine Amtsgeschäfte am großen Tisch im Sitzungssaal. Die weiteren Zimmer des Obergeschosses dienten als Abstellraum, Registratur und Schulzimmer für den Religions- und Handarbeitsunterricht.
Im Erdgeschoß sind links der Ortsarrest und der Stafflanger Leichenwagen zu sehen, rechts ein kleines Feuerwehrmuseum rund um die Andelfinger Feuerwehrspritze von 1889 und im Öhrn eine Sammlung von Marksteinzeugen aus dem Landkreis Biberach.
Im Museum verkörpert das Rathaus die Anfänge und die Weiterentwicklung der Gemeindeselbstverwaltung und zeigt, wie es um 1960 in einem ländlichen Rathaus aussah.

Ein eigenes Amtszimmer für den Bürgermeister gab es nicht. Er erledigte seine Amtsgeschäfte am Tisch im Sitzungssaal des Gemeinderates; wahrscheinlich hat er auch des öfteren vor einer Entscheidung seinen Blick zum Wandbild des gestreng dreinschauenden Bundespräsidenten Theodor Heuss gerichtet, um sich seiner Entscheidung sicherer zu sein.

Im Erdgeschoß dient die Remise zum Einstellen der alten Andelfinger Feuerspritze und eines Schlauchwagens.

Tanzhaus

aus Wolfartsweiler, Gemeinde Unterschwarzach, Landkreis Ravensburg

Martin Rief erwarb 1491 einen Hof in Wolfartsweiler, der ihm im Jahr darauf durch König Maximilian I. als Mannlehen des Hauses Österreich – also auf die Dauer des Blühens des Mannesstammes – verliehen wurde. Von den Gebäuden des 1967 geteilten, 73 Hektar großen Hofes, der bis heute im Besitz der Familie Rief ist, steht heute nur noch das Stüble; 1966 brannte die Scheuer, 1982 der Hof selber ab. Das Tanzhaus wurde im November 1987 als erstes Gebäude in Ganzteilen nach Kürnbach übertragen.
Seit 1668 besaß der Hof das Wirtschaftsrecht; ein Tanzboden ist bereits 1567 erwähnt. Früher war jeweils am Sonntag nach Bartholomae in Wolfartsweiler ein großes Fest, zu dem die Gäste von weither kamen. Das 1823 erbaute Tanzhaus war im Erdgeschoß als Remise und Stall genutzt, das Obergeschoß als Saal und Wirtschaftszimmer und das Dachgeschoß als Fruchtschütte. Nach der Aufgabe des Wirtshausbetriebes im Jahre 1931 wurde das Tanzhaus für landwirtschaftliche Zwecke verwendet.
Im Museum dient das Tanzhaus als Ausstellungs- und Veranstaltungsgebäude. Im Erdgeschoß ist die Dauerausstellung „Landwirtschaft in Oberschwaben" zu sehen. Im Tanzsaal finden regelmäßig Konzerte, Lesungen und Vorträge statt. Die „Riefstube" neben dem Tanzsaal erinnert an die Vorbesitzer, die Familie Rief, und ist heute auch ein beliebter Ort für standesamtliche Trauungen.
Zusammen mit der Kegelbahn erinnert das Tanzhaus im Museum an die wichtige Rolle der Gasthäuser im dörflichen Leben.

Das Tanzhaus spiegelt sich im kleinen Dorfweiher, als wolle es sich, wie die hübschen jungen Landfrauen, für den Abend besonders herausputzen.

Die Stafflanger Landfrauen zeigen am Handwerkertag die Herstellung der wunderschönen Biberacher Gold-Radhauben, kunstvolle Weißstickerei, die Anfertigung von Seegrasschuhen und das Wollspinnen. Dabei erklären sie den interessierten Besuchern geduldig und liebevoll ihre handwerklichen Fertigkeiten.

Freilichtmuseum Neuhausen ob Eck

In einer weiten, herrlichen Landschaft zwischen Donautal und dem Bodensee, nahe dem Dorf Neuhausen ob Eck, liegt das vom Landkreis Tuttlingen getragene Freilichtmuseum. Die Gebäude aus den Regionen Südwestalb, Bodensee und (Ost-)Schwarzwald wurden als Einzelhöfe oder Hofgruppen unter Beachtung der landschaftlichen Situation aufgebaut.
Das Besondere an diesem Museum ist seine Lebendigkeit. Man sieht es, man hört es, man riecht es. In den Ställen stehen Kühe und Kälber, Ziegen und Zicklein. Schweine suhlen sich grunzend im Schlamm, Hahn und Hühner sind überall. Gänse und Schafe vervollständigen das Bild.
An jedem Tag gibt es handwerkliche Vorführungen, und an speziellen Kindertagen, die mehrmals im Jahr stattfinden, können die Kleinen in und vor den historischen Museumsgebäuden an über 20 Stationen, die von museumspädagogischen Mitarbeitern betreut sind, verschiedene alte Handwerkstechniken ausprobieren: Schmieden, Töpfern, Spinnen, Filzen, Strohflechten, Seegraspuppen basteln und vieles mehr.

Die Gebäude des Freilichtmuseums Neuhausen ob Eck wurden alle hierher versetzt. Sie stammen aus dem südlichen Baden-Württemberg, aus den Landschaften zwischen Schwäbischer Alb, Schwarzwald und Bodensee.

Gasthaus „Ochsen“

aus Schopfloch, Kreis Freudenstadt

Der stattliche Bau mit prächtigem, feinziseliertem Fachwerk an der Giebelseite dient heute als Eingangsgebäude und Gaststätte im Freilandmuseum. Laut Inschrift am rechten Eckpfosten der Frontseite hat Conrad Stöhr das Haus im Jahre 1707 erbaut. Der Gasthof stellt eine Hausform dar, die im oberen Nekkargäu häufig auftrat und im angrenzenden Schwarzwald sogar vorherrschte. Das gemauerte Erdgeschoß enthielt normalerweise einen giebelseitig erschlossenen Längsstall, über dem ein großes Wohngeschoß mit mächtigem Giebel stand.
Dieses Wohngeschoß wurde in der Regel über eine seitliche Außentreppe erreicht, seltener über die innenliegende Geschoßtreppe in einem hinter dem Stall liegenden Querflur. In beiden Fällen wurde das Wohngeschoß also quer erschlossen. Der Gasthof „Ochsen“ weicht davon ab, weil er eine getrennte Stallscheune besaß, im Erdgeschoß nur Nebenräume brauchte. Der Eingang liegt direkt an der Straßenseite, also der Giebelfront; dies führt zu einem längslaufenden Hausflur im Erdgeschoß, die hausinterne Treppe führt zum Hauptgeschoß. Dort läßt der verbreiterte Flur zwei getrennte Raumreihen entstehen, dessen Querwände sich aber wegen des unterschiedlichen Flächenbedarfs nicht an einheitliche Ebenen halten. Die nötige Verbindung stellt erst das durchlaufende Dachgebälk her und erlaubt sogar, über eine Stütze der Gaststube ihre imposante Größe zu geben, indem ihr der vordere Flurbereich zugeschlagen wird.
Der Erbauer Conrad Stöhr stammte aus einer angesehenen und reichen Familie. Der Besitz des Wirts umfaßte Mitte des 18. Jahrhunderts „eine zimliche Wirthsbehausung zum Ochsen mit Stallung, Hofraithin und Zubehör“ sowie eine zu „einer Behausung gerichteten Scheuren mit Stallung“ und ein „besonders erbautes Haus“ hinter seinem Haus – drei Wohnhäuser also an einem Platz.

Der „Ochsen“ war eine Schildwirtschaft, die kalte und warme Speisen reichen und Gäste übernachten lassen durfte. Ihre Besitzer gehörten zur örtlichen Ehrbarkeit.

Die Bank an der Wand lädt zum Ausruhen ein, der Besen jedoch ruft zur Arbeit.

Heute verwöhnt der „Ochsenwirt“ die Gäste im Museum mit herrlichen Speisen, wie zum Beispiel einem Ochsenfilet am Ochsenpflug.

Die Einrichtung im Stil eines alten Dorfwirtshauses lädt ein zum gemütlichen Beisammensein.

Die Stallscheune vom Stiefelhof

aus Haberstenweiler, Gemeinde Salem, Bodenseekreis

Die Scheune aus dem Jahre 1796 gehörte zu einem großen Lehenshof des Klosters Salem. Ihr Raumgefüge ist sehr einfach. Beidseits der Durchfahrtstenne liegen Räume mit Vollholzwänden: eine Seite enthält den Stall, die andere zum Dach offene Bergeräume mit einem kleinen Stall dazwischen. Im Obergeschoß aus Fachwerk liegt über dem Stall eine Knechtekammer mit eigener Außentreppe. Ansonsten sind das Obergeschoß und der Dachraum nur schützende Hülle für Heu und Stroh, das auch auf dem Tennengebälk lagert. Das großräumige Gehäuse ist als reiner Ständerbohlenbau Zeuge für eine lange Tradition. Die Knechtekammer bietet Einblicke in das harte Leben der Knechte und Mägde. Traten Mägde und Knechte bei einer Herrschaft neu „in Stellung", mußten sie zuerst den Jahresbarlohn aushandeln. Zusätzlich zum Verdienst bekamen sie freie Kost und Logis sowie Hemden, Schürzen, Schuhe und anderes; Mägde erhielten zusätzlich Flachs zum Spinnen. Ein sogenanntes Handgeld von ein paar Mark besiegelte den mündlich abgeschlossenen Arbeitsvertrag.
Der Entwurf einer Gesindeordnung vom 16. August 1784 für Stadt und Amt Tuttlingen regelte das Dienstverhältnis. „Frömmigkeit und Ehrbarkeit vorausgesetzt" wurde von den Dienstboten erwartet, daß sie „gehorsam und unverdrossen in allen ihnen anvertrauten Geschäften zeigen, allen groben und unartigen Worten sich enthalten, einander nicht zu Widersetzlichkeiten gegen ihre Herrschaften verleiten, mit ihren Nebendienstboten fridlich und verträglich leben, ihren Liedlon sparsam und sorgfältig zu Rest halten, auf die beweglichen und unbeweglichen Güter wol Achtung haben, nicht veruntreuen, kein unnützes Geschwäz sowol gegen als in das Haus ihrer Herrschaft machen, auf Feuer und Licht, sonderlich in den Ställen und Kammern, alle mögliche Vorsicht anwenden und endlich insbesondere den Sonntag, so viel an ihnen ist, mit fleißiger Besuchung des Gottesdienstes heiligen."

Über die Außentreppe erreicht man die Knechtekammer. Sie bietet Einblick in das recht bescheidene Leben der Knechte und Mägde.

Die meisten Knechte und Mägde mußten von früh bis spät harte körperliche Arbeit verrichten, um ihr tägliches Brot zu verdienen. Untergebracht war das Gesinde meist mehr als dürftig in kahlen Kammern, oft ohne Tisch und Stuhl, die wenigen Habseligkeiten in einer Holzkiste verstaut.

Das Bauernhaus Schömberg

„Bärbele-Haus" aus Schömberg, Zollernalbkreis

Das Schömberger Haus wurde nach dem Stadtbrand von 1750 erbaut. Es vertritt mit seinen zwei Wohngeschossen die häufigste Form des Einhauses, jedoch mit der Besonderheit, daß ab 1869 stets zwei Familien darin wohnten und den Wirtschaftsteil gemeinsam nutzten. Dazu wurde neben der Tenne ein zweiter Stall ein- und ein Schopf angebaut. Eigentums- und Nutzungsrechte waren vertraglich genau geregelt. Solch komplizierten Verhältnissen kommen Bauweise und Raumgefüge einigermaßen entgegen. Das Hausgerüst ist ein Stockwerkbau. Im Gegensatz zum Ständerbau wird dabei jedes Stockwerk samt Decke für sich abgezimmert und aufgestellt. Dies wird im Wohnteil bewußt genutzt, während der Wirtschaftsteil bei durchgehenden Gefachen und unten bei Bohlenwänden bleibt.

Der Erbauer des Hauses ist nicht bekannt, er muß aber ein begüterter Mann gewesen sein. Im zweiten Drittel des 18. Jahrhunderts besaß ein Maximilian Hofer, der als Bürger, Bäcker und Bauer bezeichnet wird, das Gebäude und betrieb darin auch seine Bäckerei. Der Backofen befand sich in der heutigen unteren Küche und wurde 1842 abgebaut. Sein Sohn und Erbe Hieronimus Hofer war Bierbrauer. Als er 1851 starb, war er 78 Jahre alt, ledig und kinderlos. Entferntere Verwandte stritten vier Jahre um das Erbe, bis sie 1855 das Haus an den Bauern Matthäus Seifriz verkauften. 14 Jahre später wurde das Haus zum ersten Mal geteilt. Bauer Seifriz' Tochter Josepha erhielt die untere Hälfte. Josepha war mit dem Schuhmacher Fidel Faulhaber verheiratet. Aus der Ehe gingen zehn Kinder hervor. Es wurde eng in der Wohnung, und Armut zog ein.

Dem „Bärbele-Haus" wurden ein Baumgarten und ein kleiner, wunderschöner Hausgarten zugeordnet, in dem sich Gemüse, Kräuter und Blumen in sorglosem Nebeneinander gut vertragen. Eine Trennung zwischen Nutz- und Zierpflanzen wäre keiner Bäuerin je in den Sinn gekommen. Nur der reiche Bauer faßte seine Beete mit Buchs ein, gerade so, wie er es in adeligen oder klösterlichen Gärten gesehen hatte. Auf diese Weise dokumentierte er seinen Wohlstand.

Der „Palmstock" neben dem Eingangstor zur Tenne ist ein wunderschönes Zeugnis wiederauflebenden religiösen Brauchtums.

1899 verkaufte Josepha, nun schon Witwe, ihren Hausteil wegen Überschuldung an ihren ältesten Sohn Matthäus, der von Beruf Zimmermann war. Die obere Hälfte des Hauses bekam der jüngste Sohn Leonhard als „Mannsbeibringen" (Heiratsgut) mit in die Ehe. Leonhard Seifriz wird mal als Bauer, mal als Schuhmacher, mal als Postbote und mal als Polizeidiener bezeichnet.
Von 1873 bis 1885 gebar seine Ehefrau Sophie fünf Kinder. Zudem wohnte noch der alte Matthäus Seifriz bis zu seinem Tode im Jahre 1882 beim Sohn Leonhard. 1888 verkaufte Leonhard Seifriz seinen oberen Hausteil an den Zimmermann Josef Schmidberger. Zum ersten Mal wohnten nun zwei nicht miteinander verwandte Parteien im Haus.
Auf den Zimmermann Faulhaber folgte 1908 Emil Mayer, ein Landwirt, wohnhaft im unteren Teil des Hauses, während in Schmidbergers Wohnung 1934 der Schreiner Johann Hell einzog. Emil Mayers Ehefrau „Bärbele" gab dem Haus seinen Namen, den es bis heute beibehalten hat.

Die Stube war als einziger heizbarer Raum des Hauses Werkstatt, Eß-, Wohn- und Schlafraum zugleich.

Die Speckseiten hingen noch lange im Rauchfang der oberen Küche, deren Luft dauernd von Rauch und Dampf geschwängert war. Sie hingen an Strängen, und einmal vor Weihnachten, so berichtet eine frühere Besucherin des Hauses, fiel eine Speckseite herunter auf den Herd und beschädigte ihn so stark, daß man an Weihnachten nicht mehr kochen konnte.

Die Säge

vom Behlishof in Unterkirchnach, Schwarzwald-Baar-Kreis

Sie stammt aus dem späten 18. Jahrhundert und vertritt den Typus einer „Kurbelsäge". Ihr Merkmal ist das hohe Sockelgeschoß, das sie im Gegensatz zur „Klopfsäge" für ihr Stirnrad und für die Stelze braucht. Das Stirnrad überträgt die Drehung des Wasserrades über zwei Zahnradübersetzungen und einen Riementrieb auf die mit einem Schwungrad besetzte Kurbelwelle, die über die Kurbelscheibe und den Pleuel das Sägegatter auf und ab bewegt. Das Gatter ist ein stabiler Holzrahmen, in den das Sägeblatt eingespannt wird und der am Gatterständer auf und ab gleitet. Der zu schneidende Stamm wird mit dem „Klotzwagen", der auf zwei „Straßbäumen" läuft, an das Sägeblatt geführt. Ein Arbeitsgang ergibt nur einen Schnitt, die Rückholung des Wagens wird durch Neigung des Sägebodens erleichtert.

Auf den Sägeboden holt man die Stämme von der Seite her mit Hilfe der Steckhebelwinde an der gegenüberliegenden Langwand. Hier steht die 1860 aufgekommene Kreissäge zum Besäumen der Bretter. Konstruktion und Form des Gebäudes werden vom Werk und der Funktion bestimmt. Bis zu 7,50 m lange Stämme werden gesägt.
Die Säge wurde bis 1979 von dem letzten Eigentümer Otto Beha genutzt. Bereits zwei Jahre davor hatte die Gemeinde die Säge erworben, um eine neue Straße anlegen zu können. Aufgrund der hohen Kosten für die Erhaltung und Versetzung der Säge entschloß sich die Gemeinde, das wohl 200 Jahre alte Baudenkmal dem Landkreis Tuttlingen für das Freilichtmuseum Neuhausen zu überlassen.

Die Baugruppe Schwarzwald liegt als Einzelhofsiedlung für sich im Tal und besteht aus einem für den Ostschwarzwald beispielhaften Einhaus mit Speicher, hofeigener Mühle und Säge sowie einem Back- und Waschhaus.

Der Speicher

vom Stoffelhof in Oberkirchnach, Stadt Sankt Georgen im Schwarzwald, Schwarzwald-Baar-Kreis

Der Speicher stellt das wertvollste Nebengebäude des Schwarzwaldhofes dar. Der Standort des Speichers war so gewählt, daß ihn der Bauer von der Stube und einer Schlafkammer aus stets im Blickfeld hatte, denn er diente zur Aufbewahrung

von Vorräten, Saatgut, Brot, vor allem von wertvollen Dokumenten, die im Falle eines Brandes im Hofgebäude hier sicherer aufbewahrt werden konnten.

Die Mühle

vom Hochbronner Hof in Peterzell, Stadt Sankt Georgen im Schwarzwald

Die Mühle diente nur für den Eigenbedarf des Hofes und war keine Kundenmühle. Mit ihrer Hilfe und über ein langes Seil wurden andere Maschinen, wie Dreschmaschine, Futterschneidmaschine, Kreissäge und Brennholzsäge, im Hauptgebäude des Hofes angetrieben.

Der Haldenhof

aus Schonach im Schwarzwald, Schwarzwald-Baar-Kreis

Umgeben von Tannen und Kiefern dominiert der Haldenhof die Baugruppe „Schwarzwald“ im Freilichtmuseum. Das Hofgebäude liegt wieder an einem Südhang, wie an seinem alten Standort in Schonach. Speicher, Mühle sowie Wasch- und Backhaus umgeben es wieder, wenn es sich auch nicht um dieselben Nebengebäude handelt wie am alten Standort des Haldenhofes.
Der Haldenhof aus dem Jahre 1669 ist Mittelpunkt einer typischen Einödhofanlage des südlichen Ostschwarzwaldes. Nach der Typologie von Hermann Schilli vertritt der Hof die jüngere Form des „Schwarzwälder Heidenhauses“. Dieser zweigeschossige Ständerbau läßt im Erdgeschoß die Gefache und ihre Funktionen klar ablesen: Stube, Hausflur und Stall – letzterer mit zwei Türreihen und einem mittleren Futtergang. Das Obergeschoß ist auf der Eingangsseite mit Kammern belegt, die über den von außen vorgelegten Gang zu erreichen sind. Die Kammerwände bestehen im oberen Teil aus waagrechten, schwächeren Bohlen oder senkrechtem Brettspundwerk.
Bei den Wohnräumen führt der größere Bedarf an Fenstern zur Reihung und schließlich zum sogenannten „Alemannischen Fenstererker“. Dies sind Merkmale für den hochentwickelten, reinen Holzbau, die mit dem alles überdeckenden, voll abgewalmten Schindeldach dem Haus des Waldbauern einen eigenen Reiz verleihen, den der Gegensatz zum Kellersockel aus großen Sandsteinblöcken noch steigert. Der Wohnteil des Haldenhofes zeigt ein bekanntes Raumgefüge: der Hausflur und die geräumige, quadratisch angelegte Stube nehmen die vordere Hälfte des Hauses bis zur Hausmitte ein. Hinter der Stube liegen das Stüble und eine Kammer, die als Altenteil dienen. Ihre Außenwand ist um einen Meter vor die der Stube vorgeschoben. Damit gewinnt man mehr Raum und den Ausblick zum Hofzugang. Diesen Vorsprung vollzieht das Obergeschoß mit. Alles aber überkappt das mächtige Dach.

Der Haldenhof war bis 1815 im Besitz der Familie Kienzler. Durch Heirat kam er an Georg Hock von Hippensbach. Seine Frau Maria Theresia hatte als einzige der drei Kinder des Bartholomäus Kienzler das Kindesalter überlebt. 1900 verkaufte Bernhard Hock den Hof an den Fabrikanten Heinrich Vögele aus Mannheim.

Auf dem Haldenhof lebten, außer der Familie des Hofinhabers, meist noch dessen Eltern. Wenn sie den Hof an einen Sohn übergaben, wurde ein entsprechender Vertrag angefertigt, der ihnen ein genau beschriebenes „Leibding" zuwies. Darin war festgehalten, welche Zimmer und Stallteile des Gehöfts der ausschließlichen Nutzung durch die Alten diente.

Das Tagelöhnerhaus

aus Delkhofen, Gemeinde Deilingen, Landkreis Tuttlingen

Das „Albdorf" im Museum stellt ein Siedlungsbild nach, wie es auf der Südwestalb und ihrem Vorland üblich ist. Das Zentrum bilden die Kirche, ein ehemaliger Lehenshof sowie ein Schul- und Rathaus. Dahinter liegen Schmiede und Hafnerwerkstatt, davor die Hüle, ein kleiner Teich, in dem das Regenwasser gesammelt wurde, das man im Brandfall dringend brauchte. Am Dorfrand befinden sich die Häuser der kleinen Leute. Das Tagelöhnerhaus aus Delkhofen wurde Ende des 18. Jahrhunderts erbaut. Sein ganzer Wohnteil bedeckt kaum mehr Fläche als die Stube eines großen Schwarzwaldhofes und begnügt sich mit nur einem bodenebenen, nicht unterkellerten Geschoß. Der Wirtschaftsteil hat nur ein einziges Gefach für Tenne und Stall. Gespart wurde aber nicht nur am Bauvolumen, sondern auch an Material und Ausführung. Viele Hölzer waren schon einmal verbaut, und die Dachbalken reichen nur über die halbe Haustiefe hinweg. Das Dach ist ungleich geneigt, die nicht ganz regelmäßigen Dachsparren-Paare brauchen zusätzlich eine Firstpfette, also einen waagrechten, tragenden Balken, den ein Pfosten auf dem einfach abgezimmerten, stehenden Dachstuhl stützt. Das war für das leichte Strohdach hinreichend.

Das Gebäude wurde im Museum auf den Zustand der Jahre um 1824 zurückgebaut. Ohne Dachgeschoß hatte der Wohnteil etwa 30 Quadratmeter. Hier lebten damals neun Personen: der 69jährige Tagelöhner Friedrich Biermann, seine um neun Jahre ältere Ehefrau Maria, ihre Tochter Ursula, die mit dem Tagelöhner Josef Mayer verheiratet war, und deren fünf Kinder. Zudem trug eine Kuh, die Alt und Jung gehörte, zur drückenden Enge bei. Schwiegervater und Schwiegersohn arbeiteten den

Sommer über als Tagelöhner fern der Heimat. Sie verdienten als Maurer, Gipser oder Zimmerer ihr Geld und kamen im Herbst mit dem Ersparten zurück auf den Heuberg. Mit Kunkel, an Haspel und Spulrad verdienten die beiden Frauen mit Spinnen noch ein Zubrot. Arbeitsraum für alle war die Stube, der einzige heizbare Raum.

Obwohl neun Menschen im Haus lebten, gab es nur zwei Betten. In ihnen schliefen natürlich die beiden Ehepaare. Die kleinen Kinder krochen zu den Eltern ins Bett,

die größeren fanden ihr Nachtlager auf dem Streusack in der Stube, unterm Dach oder im kleinen Stall. 1831 wurden nur eine Schranne und ein Schemel als Sitzgelegenheit erwähnt. Vermutlich saßen die Kinder beim Essen auf dem Trog oder der Truhe in der Stube.

Das Weber- und Kleinbauernhaus

aus Dautmergen, Zollernalbkreis

Im Jahre 1683 wurde dieses Anwesen eines kleinen Landwirts und Webers erbaut. Es vertritt eine Hausform mit Wohnobergeschoß, bei welcher die Nebenräume im Erdgeschoß in den Hang eingebettet sind und deshalb teilweise massiv gemauerte Außenwände aufweisen. Die Stube im Obergeschoß liegt gegenüber der Eingangsseite. So gewinnt sie den Blick auf die Kirche und die Dorfmitte und zeigt das mit dem „alemannischen" Fensterband. Die fast quadratische Küche liegt direkt neben der Stube, von der aus sie auch betreten wird. Eine Feuerwand für Ofen und Herd trennt beide Räume. Ein kleiner Schiebeladen verschließt die Durchreiche. Unter der Stube liegt der Webkeller mit seinen auffallend breiten Fenstern, unter der Küche befindet sich ein Vorratskeller. Der Stall zeigt innen die lange noch üblichen Bohlenwände mit Futterluken zur Tenne.
Im Dach sind Ökonomie und Wohnteil durch Brandgiebel getrennt, dessen Fachwerk in den liegenden Dachstuhl gefügt ist, der hier den stehenden Dachstuhl über dem Wohnteil ablöst.
In Württemberg war die Hausweberei „so weit verbreitet, daß man schon nicht mehr von einem Beruf sprach. Die Weberei war schon mehr ein Zustand, eine Lebensäußerung: Onser Bua ka koi Handwerk lerna, der muß Weber werra, sagten die Leute." Zeitlebens arbeitete der Weber in der feuchten, spärlich beleuchteten und nicht heizbaren „Dunke", dem Weberkeller. Die für die Herstellung von Leinwand notwendige kellerfeuchte Luft führte bei vielen Webern zu Tuberkulose, Rheumatismus und Depressionen, zumal die Bezahlung für dieses Martyrium kaum zum Allernotwendigsten reichte. Nur die kleine Landwirtschaft, die die meisten Weber nebenher betrieben, bildete einen gewissen Ausgleich und Zugewinn.

Das Spinnen mit dem Spinnrad war eine typische, meist von Frauen verrichtete Winterarbeit, die ein wichtiges Nebeneinkommen erbrachte.

Das kleine Weberhaus steht idyllisch am Rande der Dorfhülbe.

Das Schul- und Rathaus

aus Bubsheim, Landkreis Tuttlingen

Das imposante Gebäude ist ein kommunaler Mehrzweckbau, wie er in Dörfern von ausgebildeten Architekten errichtet wurde. Das Haus umfaßt Schulsäle, Wohnung und Ökonomie des Schulmeisters, Amtsräume für den Schultes, Ortsarrest und Spritzenhaus. Der 1830 fertiggestellte Bau geriet 1842 durch zündelnde Buben in Brand, dem vor allem die rechte Seite mit der Scheune zum Opfer fiel, war aber zum Jahresende 1843 wieder bezugsfertig. Äußerlich zeigt das Gebäude ganz den Geschmack seiner Zeit. Beide Geschosse sind relativ hoch; zweiflügelige Fenster gliedern die verputzten Außenwände in strenger Achsordnung. Vorbild ist der städtische Massivbau, und so sind denn auch die Außenwände im Erdgeschoß und die Giebel bis zum Halbwalm massiv gemauert. Die Innenwände und die äußeren Langwände im Obergeschoß bestehen aus ausgemauertem, verputztem Fachwerk. Das Raumgefüge im Erdgeschoß folgt der ländlichen Tradition, weil der breite Hausflur mit der noblen zweiläufigen Treppe das Haus ganz durchzieht und somit Wohn- und Wirtschaftsteil des Lehrers trennt. Die „ökonomischen Gelasse“ bestehen aus dem Scheunengefach in normaler Weite und Höhe und dem Stall für fünf Stück Vieh hinter ihm sowie dem Gefach für die Feuerspritze. Auch in der Wohnung zeigt sich Bekanntes: Hinter der quadratisch angelegten Stube liegen Küche und Stubenkammer sowie eine zusätzlich angefügte schmale Kammer.

In Bubsheim wurde 1820 die Schule „von dem Lehrer und Provisor zugleich versorgt“ und als zweiklassige Schule geführt.

Die Unterrichtszeiten richteten sich nach dem bäuerlichen Arbeitsrhythmus. Auf

Die Einrichtung der Stube, des einzigen bürgerlich ausgestatteten Raumes im Museum, zeigt die besondere Stellung des Lehrers in der Dorfgemeinschaft. Ein Tisch mit Stühlen in der Mitte (in der Bauernstube standen diese für gewöhnlich im Herrgottswinkel), ein Ledersofa, ein Teppich, Bücher, Stuckelemente an der Decke, an der Wand vaterländische Bilder aus der Wilhelminischen Zeit, dies alles zeugt vom ständigen Bemühen des Lehrers, der bürgerlichen Gesellschaft anzugehören.

Beim alljährlichen Fuhrmannstag ist der Platz vor der Schule ein zentraler Treffpunkt und eine wichtige Station für das Geschicklichkeitsfahren der Fuhrleute.

dem Land war „zunächst nur an drei Wochentagen Schule zu halten". Die Pflicht zum täglichen Schulbesuch bestand in Württemberg ab 1831. Vor dem Unterricht am Vormittag fand ein Gottesdienst statt. Im Sommer begann der Unterricht um 7 Uhr, im Winter um 8 Uhr. Zu Beginn des Nachmittagsunterrichts wurde die kleine Kirchenglocke kurz geläutet, „weil kaum jemand im Dorf eine Taschenuhr besaß und die Wanduhren nicht selten falsch gingen".
Schulkinder waren in der Landwirtschaft das ganze Jahr über unentbehrliche Hilfskräfte. Wenn der Unterricht morgens um 7 Uhr begann, hatte manches Kind um diese Zeit schon Haus- und Stallarbeit hinter sich.

In den Innenräumen des Rathauses hat sich jahrzehntelang nichts verändert. Das Freilichtmuseum zeigt das Rathaus so, wie es vor dem Abbau bis 1978 aussah. Hier der Amtsraum des Gemeindepflegers.

Von Akten umgeben saß der Bürgermeister an der Stirnseite des großen Ratstisches. Bittsteller, die ihr Anliegen vortrugen, nahmen an der Längsseite Platz. Von seinem geschickt gewählten Amtssitz aus hatte der Schultes ständig das Gasthaus „Bären" im Auge, er wußte also immer, wer im Wirtshaus ein- und ausging.

Dieser typisch württembergische Dorfarrest, in dem ein von außen heizbarer Ofen, ein Bett und ein Notstuhl stehen, diente als Gefängnis für Diebe, fahrendes Volk, „lichtscheues Gesindel" und als Ausnüchterungszelle. Solange dem Gemeinderat das Recht zur Verhängung von Freiheitsstrafen zustand, war der Arrest häufig belegt.

Eines der beiden Klassenzimmer.

Im Schulzimmer der Unterklasse stand dem Lehrgehilfen als „Schlaf- und Wohnstätte“ nur ein roh gezimmerter Bretterverschlag als erbärmliche Unterkunft zur Verfügung. Diese schmale Nische benutzte Provisor Baur noch um 1875. „Als Wohnraum habe er die Nische wenig gebraucht. Geschlafen habe er dort so fest, daß er oft erst erwachte, wenn sich die Schüler schon im Klassenzimmer zum Unterricht niedergesetzt hatten“, berichtete Agnes Banholzer, die als Kind im Schul- und Rathaus Bubsheim ihre Ferien verbrachte.

Der alte Drahtesel wurde viele Jahre vom Schultheißen und vom Dorfschulmeister gleichermaßen benützt, gab es doch im Dorf, außer Pferdefuhrwerken, kein schnelleres Fahrzeug.

Bei großen Museumsfesten darf die Musik nicht fehlen.

Die Dorfschmiede

aus Durchhausen, Landkreis Tuttlingen

Die Schmiede aus dem Jahr 1693 hat einen quadratischen Grundriß mit einer Seitenlänge von 8,80 m und wird von einem allseitig abgewalmten Dach überdeckt, dessen kurzer First es als Zeltdach erscheinen läßt.
Die Schmiedewerkstatt hat wegen der Brandgefahr massiv in Bruchstein gemauerte Außenwände. Zeitweise war ein Kohlenraum abgeteilt. Heute zeigt sie den Zustand und die Einrichtung um 1910 nach Befunden und Erinnerungen der alten Nachbarn.
An jedem Sonntagnachmittag arbeitet hier ein Schmied und zeigt dem staunenden Publikum, wie sich auf dem Amboß ein glühendes Eisen unter seinen Hammerschlägen zu einem Werkzeug oder einem Hufeisen entwickelt.
Vor dem Eingang zur Werkstatt befindet sich der „Notstand", in dem Ochsen und Kühen die Klauen geschnitten wurden.

Die Hafnerwerkstatt

aus Neuhausen ob Eck, Landkreis Tuttlingen

Wie sie heute hinter dem Bauernhof „Biehle" steht, stand sie schon 1826 hinter einem Bauernhaus in Neuhausen ob Eck. Wegen der Brandgefahr sind sämtliche Wände der Werkstatt aus dickem Bruchsteinmauerwerk errichtet. Allein der Windfang mit seinem Wiederkehrdach besteht aus Fachwerk. Das Innere ist durch eine Querwand aufgeteilt in die eigentliche Werkstatt mit etwa fünf Meter Weite und Tiefe und den Brennraum, dessen Weite von 1,70 m vom Brennofen bestimmt wird. Er füllt die ganze hintere Raumhälfte und reicht mit seinem oberen Gewölbe durch die Decke. Diese besteht aus Holzbalken mit verputzten Lehmwickeln und ist im Brennraum durch untergespannte Gewölbe gegen den Funkenflug gesichert. 1846 kam der ebenfalls gemauerte Anbau dazu, der wegen des Grundstücks schiefwinkelig angelegt wurde, aber doch geschützte Abstellflächen bietet und eine Treppe zum Dachraum aufnimmt, in dem das Brennmaterial lagert.

1826 baute der Hafner Johannes Martin Lang von Neuhausen ein „einstockiges Häuschen mit Wohnung", das nach der Brandschutz-Versicherungsordnung ausgeschlossen war, das heißt, dieses Häuschen war nicht brandversichert. Alle im besonderen Maße brandgefährdeten Gebäude waren damals in Württemberg nicht brandversichert. Ein Haus mit Hafner-Ofen gehörte dazu.

In der Hafnerhütte stellte Johann Martin Lang seine Schüsseln und Häfen für den Neuhäuser Bedarf und für die Krämermärkte der Umgebung her. Den Rohstoff bezog er aus der Töpfertongrube auf der Neuhauser Gemarkung. Die Museumshafnerin stellt heute in der Hafnerwerkstatt des Freilichtmuseums Nachbildungen der in Neuhausen gefundenen Keramik her, die zum Verkauf angeboten werden.

Das Bauernhaus „Biehle“

aus Neuhausen ob Eck, Landkreis Tuttlingen

Der heutige Bau wird in einer Urkunde von 1783 als ehemaliger Lehenshof des Schaffhausener Klosters Allerheiligen genannt.
Das mit Bruchsteinen ausgemauerte Fachwerk ist im Wohnteil bis zur Tenne stockwerksweise abgezimmert, um in den Wandebenen nicht so streng gebunden zu sein wie beim Ständerbau, dem sich hier Tennen- und Endgefach immer noch unterwerfen. Die ursprünglich im Hang liegenden Teile sowie die Giebel im Wirtschaftsteil und Anbau sind massives Bruchsteinmauerwerk.
Der Name „Biehle“ stammt vom „Bühl“, an dem das Haus lag. Inhaber und Träger dieses Lehenguts war 1783 Alt Johannes Seh. Er stammte aus einer begüterten Familie und gehörte zur Oberschicht in Neuhausen. Im Jahre 1815 übergaben dann der Sohn Jung Johannes Seh und seine Ehefrau Barbara den Hof an ihre zwei Kinder Johannes und Barbara. Die anderen vier Kinder waren schon in jungen Jahren gestorben. Im Gebäudekataster von 1824 erscheinen der Schwiegersohn Johann Georg Storz und seine Frau Barbara als alleinige Besitzer. Sie hatten sieben Kinder, die, und das ist für Neuhausen im 19. Jahrhundert sehr selten, alle das Erwachsenenalter erreichten.
Zwei Söhne, Johann Georg und Johann Kaspar, suchten ihr Glück in Amerika – ein Zeichen für die schlechten wirtschaftlichen Bedingungen in der Mitte des 19. Jahrhunderts im Ort. Die Zeit, in der das Haus nur einen Eigentümer hatte, ging 1854 zu Ende. Das nun alte Ehepaar Storz übergab das Vermögen seinen Kindern. Das Haus wurde aufgeteilt: Die Eltern behielten die obere Stube, Küche und Kammer, die sie gemeinschaftlich mit der Tochter Regina und ihrem Ehemann Jakob Lutz bewohnten. Den unteren Teil des Hauses bekamen zu einem Viertel der ledige Sohn Jakob und zu drei Vierteln der Sohn Johannes und seine Frau Agathe. Es wurde unerträglich eng im Haus, das 1854 wie folgt beschrieben wird: „zweistockiges Wohnhaus samt Scheuer, Stallung und Schopf“. Der Schopf wurde später zum zweiten Mal ausgebaut.
Der Enge halfen der Sohn und der Schwiegersohn 1859 mit dem Anbau an den Wohnteil ab. In jener Zeit kam

Der kleine Garten, vom Museumsgärtner liebevoll gepflegt, leuchtet in allen Farben. Gemüse, Kräuter und Blumen stehen wie zufällig nebeneinander und vertragen sich bestens.

Das Haus „Bieble" stellt sich im Museum als ein voll funktionsfähiges Bauernhaus dar. Der Misthaufen ist echt, im Stall stehen Kühe und Schweine, hinterm Haus scharren die Hühner, und die landwirtschaftlichen Maschinen werden noch heute vom Museumsbauern genutzt.

auch der Schweinestallanbau hinzu. Johannes und Agathe Storz brachten sechs von zehn Kindern durch. Die acht Personen der Familie zwängten sich in eine „Himmelbettlade“ und zwei „einschläfige“ Betten sowie ein „Kinderbettlädle“. Im Stall dieser Hauspartie gab es zwei Ochsen, eine Kuh, einen jungen Stier und vier Hennen. Ende 1871 starb die Ehefrau Agathe. Ein halbes Jahr später heiratete Johannes Storz wieder, und zwar Agathe Rosine Schaz, mit der er wiederum fünf Kinder hatte, von denen drei früh starben. Mit der nächsten Generation kamen gleich zwei Schuhmacher ins Haus: die beiden Söhne von Johannes, Johann und Karl. Das traditionsreiche Schuhmacherhandwerk hielt Einzug ins Haus „Biehle“. Der Schuhmacher gehörte zur handwerklichen „Grundversorgung“ des Dorfes. Sein Handwerk war fürs tägliche Leben unentbehrlich. Die Schuhe unterlagen einem sehr hohen Verschleiß, denn man ging ausschließlich zu Fuß.
Die durch die Realteilung verursachte Zersplitterung des Grundbesitzes zwang viele Dorfbewohner, sich neben der Landwirtschaft nach einem zusätzlichen Broterwerb umzusehen. Immer mehr Kleinbauern übten das Schuhmacherhandwerk aus. Sie stellten weit mehr Schuhe her, als gebraucht wurden. Vollbepackt, das Handwerkszeug oder schon fertige Schuhe im Rucksack, zogen die Schuhmacher deshalb in weiten, oft sehr beschwerlichen Fußmärschen durchs Land bis in die Schweiz, um Schuhe zu verkaufen, vor allem aber, um alte Schuhe zu flicken.

Die drangvolle Enge im Haus „Biehle“, in dem allein im unteren Stockwerk neun Menschen lebten, läßt sich nur schwer nachvollziehen.

Auf dem Hof „Bieble" leben die Tiere – alte heimische Haustierrassen – in harmonischer Eintracht mit der schützenswerten Umgebung und mit den vielen Museumsbesuchern, von denen manche diese Tiere bis dahin nur von Bildern kannten.

Die Dorfkirche

aus Tischardt, Gemeinde Frickenhausen, Landkreis Esslingen

Das Kirchlein aus Tischardt ist das älteste Gebäude des Freilichtmuseums.

1551 erscheint die Kirche erstmals in den Urkunden. Sie war nun evangelisch, der württembergische Landesherr hatte den neuen Glauben angenommen, das Herzogtum und mit ihm Tischardt wurden protestantisch.

Die Kirche ist ein schmuckloses kleines Dorfkirchlein, das beim näheren Hinsehen aber seine interessante Geschichte offenbart. Die Kirche dürfte wohl im letzten Drittel des 15. Jahrhunderts errichtet worden sein. Aus dieser Zeit stammt das spätgotische Spitzbogengewände mit tiefen Hohlkehlen und einem angedeuteten Pilasterelement mit verdicktem, gedrehtem Basenelement, das einen achteckigen profilierten Übergangswulst hatte. Die Eckquader der Giebelfront, ein Teil der gebeilten Sockelsteine, das mittlere steinerne Fenstergewölbe an der Nordwand, vom Mauerwerk der Frontgiebel bis zur oberen Kante des Vierpaßfensters und die Nord- und Südwand bis zum Fachwerk sowie das sandsteinerne Dach- und Sockelgesims gehören in die erste Bauphase. Die zweite Bauphase fand in der zweiten Hälfte des 18. Jahrhunderts statt. Die frühere, ebenfalls viereckige, konisch zulaufende Chorwand wurde abgerissen und die Kirche in Fachwerkbauweise erweitert. Der Dachstuhl wurde im Rahmen dieser Erweiterung gänzlich neu aufgerichtet. Die Kirche bekam ihre für eine evangelische Kirche typische Empore mit seitlicher Verlängerung bis in den Chor und den überdachten Treppenaufgang an der Außenwand. Die Sakristei ist ein unverkennbares Baudetail des späten 18. Jahrhunderts. Die Kassettendecke und die hübsche, schlichte Kanzel, deren Korb von einer leicht gebauchten Eichensäule getragen wird, stammen ebenfalls aus dieser Zeit.

Am Wegesrand begegnet man einer schlichten, aber ausdrucksstarken Kreuzigungsfigur, eingesäumt von herrlich duftenden Fliederbüschen.

Die Kassettendecke und die schlichte Kanzel, deren Korb von einer leicht gebauchten Säule getragen wird, stammen aus dem späten 18. Jahrhundert.

Die Seilerei

aus Rottenburg am Neckar, Landkreis Tübingen

Die historische Seilerei stand von 1930 bis 1994 in Rottenburg am Neckar. Bei dem Gebäude handelt es sich um eine einstöckige Werkstatt und eine ursprünglich mehr als sechzig Meter lange, überdachte Seilerbahn. Bis zum Beginn der siebziger Jahre produzierte man hier sowohl für den landwirtschaftlichen und den bauhandwerklichen als auch für den industriellen Bedarf.

Hergestellt wurden bis zu hundert Meter lange Seile und bis zu zehn Zentimeter dicke Taue.
Kurz vor dem drohenden Abbruch fand eine Translozierung des Maschinen- und Werkstattgebäudes in einem Stück ins Museum statt. Das Gebäude dokumentiert jetzt die historische Entwicklung und die Technik dieses alten ländlichen Gewerbes.

Das Gebäude mit seiner imposanten Gesamtlänge von 80 Metern ist auf dem Gelände des Freilichtmuseums nicht zu übersehen.
Die Seilerbahn wurde für den Transport ins Museum in ihre Einzelteile zerlegt und im Freilichtmuseum wieder zusammengebaut.

Fuhrleute aus ganz Baden-Württemberg zeigen mit ihren mächtigen Kaltblutpferden am Fuhrmannstag historische und moderne Arbeitstechniken und messen sich bei land- und forstwirtschaftlichen Vorführungen und Wettbewerben.

Man kommt so richtig ins Staunen, wenn man den prächtigen Kaltblutpferden zuschaut, wie geschickt sie auf jeden Zuruf ihres Fuhrmanns reagieren und auf dem vorgegebenen Parcours eine wahre Meisterleistung erbringen.

Als seltener Glücksfall erwies sich, daß die originale Einrichtung der Seilerei weitgehend komplett ins Museum übernommen werden konnte.

Bauernhaus-Museum Wolfegg

Man fährt an dunklen Moorseen, kleinen und nicht zersiedelten Dörfern, prächtigen barocken Klöstern und Kirchen vorbei. Über die idyllische Oberschwäbische Barockstraße kommt man zum Bauernhaus-Museum Wolfegg. Das Museum liegt unterhalb des Fürstlich-Waldburgischen Renaissanceschlosses und besteht aus 14 größeren und kleineren Gebäuden, die zu einem Weiler gruppiert wurden.

Das Land zwischen Allgäu und Bodensee wird seit Jahrhunderten von der Landwirtschaft geprägt. Die Bauern waren selbstbewußt, hatten große Höfe, eine kräftige Sprache und einen aufrechten Glauben. Doch auch in Oberschwaben flossen nicht nur Milch und Honig. Das einfache Leben und oft widrige Bedingungen zeichneten die Menschen auf dem Lande. Was für sie harter Alltag war, ist besonders den Städtern heute von nostalgischer Romantik verklärt. Wie es in den Weilern und auf den Höfen wirklich zuging, zeigt das Bauernhaus-Museum in sehr eindrucksvoller Weise.

Das Museum liegt in einer Talsenke unterhalb von Ort und Schloß Wolfegg.

Nebengebäude zum Fischerhaus

in Wolfegg, Landkreis Ravensburg

In diesem schlichten, 1902 errichteten Gebäude befand sich die Hälterei der Fürstlichen Hoffischerei, hier standen also wassergefüllte Behältnisse für die gefangenen Fische. Noch heute lagern in einem Raum Fischereigeräte, die zur Beschickung der zahlreichen Weiher im Museumsgelände gebraucht werden. Durch den vorderen Teil des Nebengebäudes betritt man das Museum.
Hier befindet sich auch der kleine Kaufladen, der allerlei liebenswerten Krimskrams feilbietet. Seine Möblierung wurde 1870 für das Café Kraft am Ravensburger Gespinstmarkt geschreinert. Das darüberliegende Dachgeschoß belegen die Museumsverwaltung und ein Versammlungsraum.

Das Bauernhaus-Museum betritt man durch einen kleinen, typisch ländlichen Kolonialwarenladen. Vorn gibt es Dreschflegel, Holzgabeln, Striegel und Kuhglocken; es folgen landwirtschaftliche Produkte wie Felle, gefärbte Wolle, handgestrickte Strümpfe, Bürsten, Honig und Schnaps. Aus heimischen Töpfereien werden Krüge, Vasen und Tassen angeboten, von der Decke baumeln Emailgefäße für jeden Zweck. Unter der gläsernen Vitrine gibt es süße Leckereien für die kleinen und großen Museumsbesucher.

Eine Besonderheit im Museumslädle ist das große Angebot unterschiedlichster Mausefallen.

Fischerhaus

in Wolfegg, Landkreis Ravensburg

Das Fischerhaus wurde 1788 am heutigen Standort im Auftrag des Truchsessen von Waldburg erbaut. Es diente dem bei der Fürstlichen Herrschaft angestellten Fischermeister als Wohn- und Wirtschaftsgebäude. Es handelt sich um einen oberschwäbischen Eindachhof, bei dem sich Wohn- und Wirtschaftsteil in der Reihenfolge Wohnung, Flur, Tenne und Stall unter einem Dach befinden. Er stellt den Nachfolgetyp der altoberschwäbischen Bauernhäuser dar, die im Kreisfreilichtmuseum Kürnbach bei Bad Schussenried zu sehen sind.

Das Erdgeschoß des Fischerhauses ist aus Natursteinen aufgemauert. Das Obergeschoß zeigt ein schönes Zierfachwerk, in das sechsteilige Fenster eingelassen sind. Das Dach hat einen liegenden Stuhl und einen Vollwalm. Die schlichte Fassadenmalerei im Erdgeschoß wurde nach vorhandenen Resten rekonstruiert. Im Wohnteil hatte das Haus, neben der Küche, vier Wohn- und Schlafräume. Heute ist dort die Museumsgaststätte untergebracht, in der, der Tradition folgend, den Gästen ausgezeichnete Fischgerichte serviert werden. Im Wirtschaftsteil wird die Dauerausstellung „Landbau und Hauswirtschaft: Landwirtschaftliche Ausbildung im 20. Jahrhundert“ gezeigt.

In den Jahren 1977/78 wurde das Fischerhaus von Grund auf renoviert, da es sich in einem sehr schlechten baulichen Zustand befand. Man ergänzte die tragenden Balken, erneuerte die Fachwerkwand an der Westseite und gab dem Dachstuhl eine Holzverschalung. Vor dem Südgiebel des Hauses ist ein hübscher Bauerngarten mit Buchsbaumeinfassung angelegt.

In der gemütlichen Museumsgaststätte wird man mit leckeren Spezialitäten und herrlichen Fischgerichten verwöhnt.

Der gemütliche Biergarten am Fischweiher bietet im Sommer unter schattigen Lindenbäumen ein gemütliches Plätzchen; hier tauschen die Museumsgäste ihre Eindrücke nach dem Besuch im Bauernhaus-Museum aus.

Backhaus

aus Bergatreute, Landkreis Ravensburg

Bis 1980 stand das Backhaus auf dem Maierhof in Bergatreute. Es ist 1772 erbaut worden. Das aus Natur- und Tuffstein aufgemauerte Erdgeschoß beherbergt den Backraum mit seinem Backofen. Im Obergeschoß befindet sich eine kleine Wohnung, die aus einem Vorraum und zwei Zimmern besteht und über eine außenliegende Holztreppe erreichbar ist. Die Nutzung dieser früher beheizbaren Räume war nicht festgelegt. Sie konnten als Unterkunft für ledige Geschwister des Bauern, für Dienstboten oder im Winter für den Schäfer dienen. Als Wohnung für den Altbauern kamen sie jedoch nicht in Betracht, denn das kleine Häuschen stand mit der Giebelseite vom Hof abgewandt; es fehlte also der bei Ausgedinghäusern übliche freie Blick über den Hofplatz. Während des Zweiten Weltkrieges befand sich der Dorfarrest im kleinen Backhaus. In den Jahren danach stand das Häuschen leer und verfiel zusehends. Beim Wiederaufbau im Bauernhaus-Museum wurde der Urzustand rekonstruiert. Der Backofen, in dem hin und wieder Brot und Dinnete gebacken werden, ist voll funktionsfähig.

Auch in Oberschwaben flossen nicht nur Milch und Honig. Das einfache Leben und oft widrige Bedingungen zeichneten die Menschen auf dem Lande. Dies zeigt auch die karge Einrichtung des Wohnbackhauses aus Bergatreute.

Den Notstand benutzte man zum Beschlagen und zur Klauenpflege von Kühen und Ochsen. Man konnte auf ihm die Tiere „ruhigstellen", um dem Schmied ein sicheres Arbeiten zu ermöglichen. Dieser Notstand kommt aus Baindt, wo er 1925 gebaut worden ist. 1979 hat ihn das Bauernhaus-Museum übernommen.

Hof Reisch

aus Danketsweiler, Gemeinde Horgenzell, Landkreis Ravensburg

Nach der Jahreszahl über dem Tennentor und nach stilistischen Merkmalen kann als Erbauungszeit das Jahr 1780 genannt werden. Mit einer Grundfläche von 28,5 x 12,3 m stellt der Hof Reisch ein stattliches Bauwerk dar. Zusammen mit der Kirche, den Anwesen des Schmieds, des Wagners und des Ochsenwirts bildete der „Michels", so sein Hofname, den dörflichen Mittelpunkt. Erster nachweisbarer Besitzer der Hofstelle war um 1700 Martin Hummel. Zum Zeitpunkt des Hausbaues ist der Bauer Balthasar Gebhard genannt. Die Familie Reisch erhielt den Hof zu Beginn des 19. Jahrhunderts durch Einheirat. Davon kündet die Dacheindeckung mit den Initialen MR und der Jahreszahl der Hofübernahme 1912. Aus der Ehe gingen elf Kinder hervor. Bis sie groß genug waren, um Stall- und Feldarbeiten selbständig zu übernehmen, lebten auf dem Hof noch ein Roßknecht, ein Schweizer und eine Magd. Als größter Bauer im Dorf bewirtschaftete Martin Reisch mit seiner Familie etwa 70 Morgen (22 Hektar). Ein Stück Wald gehörte dazu. Neben Getreide-, Rüben- und Kartoffeläckern gab es einen Streifen Krautland, Wiesen, Obstbäume und einen Torfstich. In zwei Gärten zog die Bäuerin Blumen und Gemüse sowie die Setzlinge für den Acker. Martin Reisch betrieb darüber hinaus eine Pferdezucht. Sechs Gefache teilten den Hof in der Folge Stube – Küchenflur – Rinderstall – Tenne – Pferdestall – Remise. Das Erdgeschoß ist außen massiv aus Feldsteinen gemauert und verputzt, die Innenwände sind als Fachwerk gebaut. Den Wohntrakt trennt eine Ständerbohlenwand von der Ökonomie. Die Stube und die Stubenkammer wurden von der Küche aus durch einen Kachelofen beheizt. In den zwanziger Jahren wurde Danketsweiler an das Stromnetz angeschlossen. Im Hof Reisch nutzte man die Elektrizität vor allem für den fahrbaren Elektromotor: als Antrieb über Transmission für Holzsäge, Obstmühle, Schrotmühle, Häcksler, Heuaufzug und Güllepumpe. Im Museum stellt der Hof Reisch die Zeit der beginnenden Mechanisierung der Landwirtschaft dar. Darüber hinaus dient er als Ort für Sonderausstellungen und museumspädagogische Projekte.

Im hübsch angelegten Hofgarten befindet sich eine kleine Lourdesgrotte aus Tuffstein. Der wunderbaren Legende entsprechend verbreitete sich die Nachschöpfung der Quellgrotte in ganz Europa – bis ins entlegene Allgäu.

Auf dem Herd wird heute noch gekocht. Der Pumpbrunnen sorgt manchmal, wenn er von den kleinen Museumsbesuchern zu heftig gepumpt wird, für eine Überschwemmung im Küchenflur.

Wohnspeicher

aus Wuchzenhofen-Lauben, Stadt Leutkirch im Allgäu, Landkreis Ravensburg

Dieser 1689 in Lauben, einem Ortsteil von Wuchzenhofen, erbaute Speicher wurde 1978 als erstes Gebäude in das Bauernhaus-Museum Wolfegg überführt. Das Haus war Nebengebäude eines Allgäuer Hofes und beherbergte ursprünglich die Wohnung des Altbauern. In einem Übergabevertrag von 1819 findet sich die Formulierung „zweistöckiges Leibgedinghaus und Wagenschopf mit Speicher". Zu dieser Zeit war der Hof, zu dem der Kornspeicher gehörte, überdurchschnittlich groß. Das Anwesen umfaßte 20 Hektar Ackerland, sechseinhalb Hektar Wiesen und dazu noch Wald und Gärten. Zum Viehbestand zählten vier Pferde, drei Ochsen, acht Kühe, fünf Stück Jungvieh, fünf Kälber und ein Schwein. Der Hof lag auf der Leutkircher Heide. Die im Jahre 1651 belehnte Familie besaß am Hof mehr Eigentumsrecht, als es in anderen Gebieten üblich war. Der Wohnspeicher erfuhr wiederholt bauliche Veränderungen. Das ursprünglich wohl vorhandene typische Allgäuer Flachdach mit 25 Grad Neigung und Landerndeckung (Landern sind ca. 90 cm lange, mit Steinen beschwerte Holzschindeln) wurde 1866 durch einen hohen Dachstuhl mit einer Ziegeldeckung ersetzt. Dieser Zustand wird heute im Museum dokumentiert. Im gleichen Jahr 1866 verlor das Gebäude seine Funktion als Ausgedinghaus. Zuletzt diente es als Schweinestall und war völlig heruntergekommen. Beim Wiederaufbau mußten deshalb in größerem Umfang Rekonstruktionen durchgeführt werden. Dies betraf insbesondere das Erdgeschoß mit Remise und Blockspeicher. Das Obergeschoß repräsentiert mit der im Stil des 19. Jahrhunderts eingerichteten Altenteilerwohnung (Küche, Stube, Schlafkammer) und dem ehemals als Werkstatt genutzten Vorraum noch weitgehend den baulichen Urzustand.

Eine spätere Zutat ist lediglich der Kamin. Der 1866 entstandene Dachraum läßt sich durch einen von außen angebrachten Galgen beschicken. Der Vordergiebel und das Obergeschoß der südlichen Traufseite zeigen ein schönes, mit Zierformen versehenes Fachwerk. Der rückwärtige Giebel und die nördliche Traufseite sind verbrettert. Ein Wohnspeicher dieser Größe und mit dieser Aufteilung kam im württembergischen Allgäu selten vor.

Das Obergeschoß zeigt eine Altenteilerwohnung im Stil des 19. Jahrhunderts und den als Werkstatt genutzten Vorraum weitgehend im baulichen Urzustand.

Am Galgen über dem gemauerten Herd hängt der Kessel, der je nach Bedarf her- oder weggeschwenkt werden konnte.

Das ganze Jahr über war, neben dem Spinnen und Weben, das Korbmachen eine der wichtigsten Nebenerwerbsmöglichkeiten.

Haus Füssinger

aus dem Weiler Sieberatsreute, Gemeinde Waldburg, Landkreis Ravensburg

Dieses Gebäude hatte der Lehensbauer Michael Pfleghar 1705 in dem Weiler Sieberatsreute bei Waldburg errichten lassen. Durch Heirat ging der Hof 1812 an die Familie Füssinger über und wurde von dieser bis 1979 bewohnt. Das Bauwerk war als Wohnhaus Mittelpunkt einer Hofanlage mit mehreren Nebengebäuden. Diese Situation ist im Wolfegger Bauernhaus-Museum durch den Aufbau einer Stallscheuer und eines Schopfes wiederhergestellt worden. Das Haus ist ganz aus Holz in Blockbauweise errichtet. Lediglich das Kellergeschoß besteht aus Natursteinen. Eine architektonische Besonderheit bilden die von Zierbrettern eingefaßten Fenster; hinter der Umrahmung verbergen sich Ziehläden, wie sie typisch sind für die Holzhäuser in Vorarlberg und in der östlichen Schweiz. Das Dach war ursprünglich mit genagelten Holzschindeln, später mit handgestrichenen Biberschwanzziegeln gedeckt. Im Erdgeschoß befinden sich Wohnstube, Küche, die Vorrats- und Abstellkammer und die Kammer des Altbauern. Aus diesem Grund konnte auch auf ein eigenes Altenteilerhaus verzichtet werden. Im Obergeschoß liegen das Schlafzimmer des Hofbesitzerehepaares sowie weitere Schlafkammern für Kinder und Dienstboten. Die Ausstattung repräsentiert den Stil der Zeit um 1800. Damals begnügte man sich mit wenigen Möbeln aus Holz: Schrank, Truhe, Tisch, Bank und ein paar Brettstühle; in der Küche Brotschrank und Tellerbord, in den Kammern mehrere Betten. Der Kachelofen und die Kassettendecke der Stube waren schon ein Zeichen einer gewissen Wohlhabenheit. So geräumig das Haus auch wirkt, wenn ein Ehepaar mit drei bis vier Kindern, zudem Knecht

Das Haus Füssinger ist ganz aus Holz in Blockbauweise errichtet, wie sie eigentlich für Vorarlberg und die Ostschweiz typisch ist.

Die einfache Ausstattung repräsentiert den Stil der Zeit um 1800.

Ein Staketenzaun umschließt den Garten am Haus Füssinger. Der Garten ist gegliedert wie in der Zeit um 1800. Im buchsgesäumten Wegekreuz befindet sich ein Rondell mit Aurikel, Schwertlilie, Moosrose und Rosenkugel. Neben dem typischen Gemüsegarten und den Beerensträuchern findet man hier die vielfältigsten Gartenblumen und erfreut sich an ihrer herrlichen Farbenpracht.

und Magd und möglicherweise die Großeltern darin lebten, entstand eine drangvolle Enge. Dies aber läßt sich im Museum genausowenig zeigen wie die Kälte, der Schmutz, die Gerüche, die in solchen Häusern herrschten. Im gemauerten Kellergeschoß befanden sich nachweislich eine Brennerei und ein Schweinestall. Die Brennerei ist auch jetzt wieder dort untergebracht. Die Küche war mit einer gemauerten Feuerstelle und einer offenen Rauchschürze ausgestattet. Bedingt durch erhebliche bauliche Veränderungen im Laufe der Zeit, mußten beim Wiederaufbau im Museum in größerem Umfang Rekonstruktionen vorgenommen werden. Im oberschwäbischen Raum gibt es nur noch wenige Beispiele dieses als Rheintalhaus bezeichneten Typs. Vergleichbare Bauernhöfe begegnen uns vor allem in Vorarlberg und in der östlichen Schweiz. Sehr wahrscheinlich ist dieser Haustyp nach dem Dreißigjährigen Krieg von dort nach Oberschwaben gelangt.

Im Erdgeschoß befinden sich die Wohnstube mit dem Herrgottswinkel, die Abstellkammern und die Kammer des Altbauern.

Neben der Türe zur Wohnstube steht griffbereit das Handwerkszeug zur täglichen Arbeit auf den Feldern und Wiesen.

Das Obergeschoß zeigt das Schlafzimmer des Hofbesitzerehepaares mit seinem bemalten Himmelbett.

Der Kachelofen und die Kassettendecke der großen Stube vermitteln den Eindruck von Gemütlichkeit. Gleich nebenan jedoch stehen ein Spinnrad und eine Schnitzbank. Hier wurde oft bis spät in die Nacht gearbeitet.

Die zum Teil großartig bemalten Bauernschränke sind auch ein Zeichen einer gewissen Wohlhabenheit.

Stallscheuer

aus Richlisreute, Gemeinde Schlier, Landkreis Ravensburg

Eine Inschrift über der Tür zum Pferdestall besagt, daß das ganz in Holz ausgeführte Stallgebäude im Jahre 1724 erbaut wurde. Es stand auf einem Hof im Weiler Richlisreute der Gemeinde Schlier. Beim Abbau im April 1984 erwiesen sich die nördliche, dem Hofplatz zugewandte Traufseite und der Westgiebel als nahezu unversehrt. An der Südseite hatte ein Stallanbau von 1964 Substanzverluste verursacht. Der Ostgiebel war bereits vor längerer Zeit wegen einer Gebäudeerweiterung verändert worden. Von den ursprünglichen Stallanbauten gab es nur noch Reste. Innenwände, Futterkrippen, Raufen und Böden hatte man in den sechziger Jahren entfernt, um Platz für Silos zu schaffen. Der Wiederaufbau der Stallscheuer im Museum erfolgte von Juli 1984 bis Mai 1985. Das Gebäude ist 17 Meter lang, die Breite beträgt etwa elf Meter, die gesamte Höhe zwölf Meter. Der quergeteilte Grundriß weist die Abfolge Stall – Tenne – Stall – Remise auf. Den Zugang zum Pferdestall gewährt eine Tür mit halbrundem Sturz. Die vier Meter breite Tenne hat eine erhöhte Decke und als einziger Raum einen Ausgang nach hinten. Die Fuhrwerke benutzten früher nur das hintere Tor, da auf der Hofseite die Miste den Zugang versperrte. Der anschließende Stall ist zweigeteilt; hier sind jetzt Schafe untergebracht. Die Remise, in der Fahrzeuge und Geräte stehen, hat eine zweiflügelige Tür zum Hof hin. Im Pferdestall ist der Boden mit Ziegelsteinen ausgelegt, in der Tenne und im Schafstall mit Holz, in der Remise mit gestampftem Lehm. Die Heuböden sind nur über Leitern erreichbar. Der Aufzug im Dachstuhl wurde früher durch einen Pferdegöpel angetrieben. Die Außenwände sind in Bohlenständerbauweise ausgeführt. Die Giebeldreiecke sind senkrecht verbrettert. Das Gebäude steht auf einem Fundament aus Feldsteinen mit aufgelegten Schwellen aus Eichenholz.

Die Schafe haben sich im Schatten der großen Fichten vor der Stallscheuer zum Wiederkäuen gemütlich niedergelassen.

Der zum Heizen im Winter so wichtige Torf wurde aus den nahegelegenen Torfstichen mit dem kleinen, handgezogenen Torfwägelchen zum Trocknen in die Stallscheuer gefahren.

Quellen

Odenwälder Freilandmuseum Walldürn-Gottersdorf:
Unter Verwendung von Textauszügen aus dem „Kleinen Museumsführer" von Thomas Naumann und Barbara Kollja, Schriften des Odenwälder Freilandmuseums, Band 2, Seiten 6 bis 33, sowie von Auszügen aus „Hof Schüssler in Gottersdorf" von Thomas Naumann und Anette Hettinger, Schriften des Odenwälder Freilandmuseums, Band 1, Seiten 17 bis 76.

Hohenloher Freilandmuseum Wackershofen:
Unter Verwendung von Textauszügen aus „Ländliche Bauten aus dem Fränkischen Württemberg" von Albrecht Bedal, Seiten 13 bis 201.

Freilichtmuseum Beuren:
Unter Verwendung von Textauszügen aus „Hausgeschichten – Ein Führer durch das Freilichtmuseum Beuren" von Steffi Cornelius und Barbara Wehling, Seiten 14 bis 45.

Schwarzwälder Freilichtmuseum „Vogtsbauernhof" Gutach:
Unter Verwendung von Textauszügen aus dem Museumsführer „Schwarzwälder Freilichtmuseum Vogtsbauernhof in Gutach" von Dieter Kauß, Seiten 8 bis 84.

Kreisfreilichtmuseum Kürnbach:
Unter Verwendung von Textauszügen aus „Kreisfreilichtmuseum Kürnbach" (1985) von Christel Köhle-Hezinger, Seiten 37 bis 64, sowie aus dem Führer „Kreisfreilichtmuseum Kürnbach" (1994) von Kurt Diemer, Seiten 8 bis 84.

Freilichtmuseum Neuhausen ob Eck:
Unter Verwendung von Textauszügen aus dem Museumsführer von Wolfgang Kramer, herausgegeben vom Landkreis Tuttlingen, Seiten 8 bis 85.

Bauernhaus-Museum Wolfegg:
Unter Verwendung von Textauszügen aus der Museumsbroschüre „Rundgang durch das Bauernhaus-Museum Wolfegg" von Hermann Dettmar sowie aus dem Kapitel „Hof Reisch aus Danketsweiler" von Ines Schönberger und Ursula Winkler aus dem Katalog „Häuser fürs Museum, Hausforschung an den Freilichtmuseen Baden-Württembergs", herausgegeben von der Arbeitsgemeinschaft der regionalen ländlichen Freilichtmuseen Baden-Württemberg, Seiten 130 bis 133.

Ausführliche Literaturhinweise zum Thema finden sich in der Dissertation „Freilichtmuseen in Baden-Württemberg. Entstehung, Entwicklung, Wirkung" von Martina Schröder, welche die Tübinger Vereinigung für Volkskunde 1997 als Band 86 der Reihe „Untersuchungen des Ludwig-Uhland-Instituts der Universität Tübingen" publiziert hat.
Dort wird auch die Diskussion um das geplante, aber aus finanziellen Gründen nicht zustande gekommene Freilandmuseum Kraichgau-Nordschwarzwald in Sternenfels dargestellt, das die Landkreise Karlsruhe, Rastatt, Freudenstadt, Calw, den Enzkreis sowie die Stadtkreise Karlsruhe, Baden-Baden und Pforzheim abdecken sollte.

Die Freilichtmuseen auf einen Blick

Odenwälder Freilandmuseum Walldürn-Gottersdorf
74731 Walldürn-Gottersdorf
Telefon (0 62 86) 3 20

Hohenloher Freilandmuseum Wackershofen
74523 Schwäbisch Hall-Wackershofen
Telefon (07 91) 9 71 01-0

Freilichtmuseum Beuren
72660 Beuren (Kreis Esslingen)
Telefon (0 70 25) 9 20 40

Schwarzwälder Freilichtmuseum „Vogtsbauernhof" Gutach
77793 Gutach (Schwarzwaldbahn)
Telefon (0 78 31) 2 30

Kreisfreilichtmuseum Kürnbach
88427 Bad Schussenried-Kürnbach
Telefon (0 75 83) 24 48

Freilichtmuseum Neuhausen ob Eck
78579 Neuhausen ob Eck (bei Tuttlingen)
Telefon (0 74 67) 13 91

Bauernhaus-Museum Wolfegg
88364 Wolfegg
Telefon (0 75 27) 63 00

Die Freilichtmuseen haben von April bis Oktober geöffnet, manche auch schon ab Mitte März und bis Anfang November. Montag ist üblicherweise Ruhetag – auch hier bestätigen Ausnahmen die Regel. Die Öffnungszeiten sind meist 10 bis 17 oder bis 18 Uhr; manche Museen öffnen allerdings bereits um 8.30 oder 9 Uhr. Teilweise sind die Öffnungszeiten in der Haupt- und Nebensaison unterschiedlich. Vor allem bei weiterem Anfahrtsweg lohnt ein vorheriger Anruf.
Für das leibliche Wohl sorgen die Wirte der Museumsgaststätten oder, wo nicht vorhanden, der Lokale in den umliegenden Gemeinden.

Alle Angaben ohne Gewähr. Stand 1998.

Danke

Dieses Buch wäre ohne das Entgegenkommen und Engagement vieler Helferinnen und Helfer nicht zu realisieren gewesen.
Für stetige Auskunft und Hilfsbereitschaft beim Recherchieren der Texte zu den jeweiligen Freilichtmuseen und bei meinen Fotoarbeiten gilt mein besonderer Dank den Leiterinnen und Leitern der ländlichen Freilichtmuseen in Baden-Württemberg: Frau Steffi Cornelius, Leiterin des Freilichtmuseums Beuren, Frau Ursula Winkler, Leiterin des Bauernhausmuseums Wolfegg, Herrn Albrecht Bedal, Leiter des Hohenloher Freilandmuseums Wackershofen, Herrn Dr. Kurt Diemer, Leiter des Kreisfreilichtmuseums Kürnbach, Herrn Dieter Kauß, Leiter des Schwarzwälder Freilichtmuseums Vogtsbauernhof, Herrn Walter Knittel, Leiter des Freilichtmuseums Neuhausen ob Eck, und Herrn Thomas Naumann, Leiter des Odenwälder Freilichtmuseums Walldürn. Ihre Auskünfte, die Faltblätter, Bücher und Broschüren ihrer Museen sind die Grundlage meiner Texte für dieses Buch.
Ohne die Hilfe meiner lieben Frau, die meine handgeschriebenen Texte korrigiert und in den Computer geschrieben hat, wäre dieses Buch noch heute nicht fertig.
Zu guter Letzt danke ich Herrn Titus Häussermann und dem Team des Silberburg-Verlags für die Herausgabe dieses Buches.